Die Balearen

MALLORCA

Text: Robert P. Hertwig

INHALT

ISBN 3-87531-437-9

Einladung nach Mallorca

Auf der größten Baleareninsel begann man schon vor Jahrzehnten mit dem Urlaub für Millionen. So haben nach den Phöniziern, Griechen, Römern, Vandalen, Mauren, Aragoniern auch die Touristen Mallorca erobert. Seitdem ist die einstige *Illa de la Calma* (Insel der Ruhe) für eine stetig wachsende Zahl von Freizeitmenschen *die* Ferieninsel schlechthin.

Von 70000 anno 1950 stieg die Schar sonnensuchender Feriengäste rund ums Jahr auf etwa dreieinhalb Millionen, hat der Urlaub hier doch im Sommer wie im Winter Saison.

Lange vor unserer Zeitrechnung machten sich Mallorcas Urbewohner noch mit der Steinschleuder auf den Weg. Deren geschickte, wehrhafte Handhabung war eine Grundlage menschlicher Existenz. Schon die Kinder lernten zu zielen. Trafen sie Fleisch und Früchte, die ihre Eltern zur Prüfung in kräftiges Astwerk hängten, war ihnen die nächste Mahlzeit zugestanden. Wie haben sich die Zeiten geändert!

Wo einst Wacht- und Wehrtürme die Insel umstellten, wuchsen Ferien-Kolonien aus dem Boden, rund 1500 Hotelburgen, mit fast einer Viertelmillion Betten. Sie sind nahezu jedem Ansturm gewachsen. Natürlich hängt die Steinschleuder längst im Museum. Heute bucht man Flug und Pension und ist aller Sorgen ledig.

Die Insel, vielgeliebt und vielgelästert, bietet Urlaub für nahezu jeden Geschmack. Wer Mallorca als Massenziel abtun möchte, fällt sein Urteil zu

schnell. Sicher ist es in manchen eilfertig auf den Sand und in den Himmel getürmten Beton-Badezentren mit der Ruhe nicht so weit her. Doch viele bräunen nun eben am liebsten mitten im Trubel der Gleichgesinnten. Urlaub mit Dampf als Alternative zur Alltagswelt.

Man kann es aber auch anders haben. Wer sich Mallorca näher besieht, findet an seiner kontrastreichen Küste noch immer ruhige Sonnenplätze, die für Ferien in entspannender Abgeschiedenheit gut sind, idyllische Oasen für den Urlaub abseits, besonders zwischen *Cala Santanyi* und *S'Illot.* Auch individuelle Urlaubswünsche lassen sich hier erfüllen.

Badezentren mit Unterhaltung rund um die Uhr, wie *Playa de Palma, Magaluf, Ca'n Picafort* oder *Cala Millor,* wohl ausgerüstete Ankerplätze für Segler und sonstige Wassersportler gibt es an allen Küsten.

Ob Disco-Fieber, Sport aller Art, einfach Ruhe in malerischer Klippen-Landschaft oder alles zusammen den Urlaub bestimmen, Mallorca hat das zu bieten. Dazu ein reiches Angebot an Ausflügen in bizarre Küstenlandschaften, wie die um *La Calobra,* von *Formentor* und *Cabo del Pinar,* in urwüchsige Dörfer inmitten mächtiger Olivenbäume, von denen so mancher ein rundes Jahrtausend auf seinem knorrigen Buckel hat. Man kann zwischen leichten bis schwierigen Bergtouren wählen, angesichts der stattlichen Gipfel vor der Nordwestküste.

Das alles gehört zum Urlaub auf Mallorca. Und natürlich das, was man für sich selber aus einem Urlaub auf Mallorca zu machen versteht.

Die Insel der Überwinterer

Langzeiturlaub – auch das ist eine Erfindung der Mallorquiner. Hotels und Veranstalter sind längst auf solche touristischen Zugvögel spezialisiert, die in der kalten Jahreszeit zwei oder drei Monate im milden Klima Mallorcas verbringen wollen. Abertausende von unterkühlten Mitteleuropäern fliegen zwischen November und März auf das Baleareneiland. Das sind zwar nur Bruchzahlen des sommerlichen Gipfels, doch genug, um Mallorca rund um das Jahr geöffnet zu halten. Bei Durchschnittstemperaturen von 15 bis 18 Grad Celsius bietet die Insel eine gute Alternative zu Frost, Eis und Schnee in unseren Breitengraden.

Für einen ausgedehnten Winterurlaub sind die Hauptstadt *Palma* wie die Orte ringsum naturgemäß besonders gut geeignet. Die lebendige Inselmetropole bietet Anregung für jeden Anspruch. In den für Winterurlauber angebotenen Hotels gehören beheizte Zimmer zum gewohnten Standard. Wo vorhanden, sind Swimming-pool oder Hallenbad zumeist ebenfalls wohl temperiert. Veranstalter und Hotels haben speziell für den Winter einen bunten Strauß an Unterhaltung und entspannenden Aktivitäten vorbereitet. In den großen Ferienzentren wie *Playa de Palma/El Arenal, Santa Ponsa, Paguera* oder *Cala Millor* sorgen Club-Treffs für Anregung und Kontakte untereinander. Zu den Offerten im Winter gehören u.a. vielfältige organisierte Wander- und Radfahr-Programme, Gymnastik, Sprach-, Tanz- und Hobbykurse, Vorträge, Spielfilme, bunte Nachmittage, Gesellschaftsspiele. Bibliotheken und deutsche Tageszeitungen stehen den Club-Gästen gleichfalls zur Verfügung.

Erholungsklima rund ums Jahr

Mallorca ist die touristische Hochburg des Balearischen Archipels, der darüber hinaus vom zweitgrößten Eiland *Menorca* im Nordosten, *Ibiza* mit dem Satelliten *Formentera* im Südwesten und den Inselsplittern von *Cabrera,* am Südzipfel Mallorcas, gebildet wird. Kalk- und Sandstein sind gemeinsames Material dieser Gruppe von Inseln im westlichen Mittelmeer, die sich topografisch und klimatisch durchaus voneinander unterscheiden. Mallorca ist ihrer geologisch ältesten Schwester *Menorca* in punkto Klima zumeist eine Nasenlänge voraus. Ein paar Wärmegrade, ein paar Sonnenstunden mehr im Durchschnitt des Jahres. Das ergibt jene ausgeglichenen Temperaturen, die sich gerade im Winter als besonders angenehm erweisen.

Mallorca wird durch seine Nordgebirge zusätzlich geschützt. Die kalten Brisen aus dem Norden haben also kaum eine Chance. Recht konstante Durchschnittswerte werden rund ums Jahr ermittelt: um 25 Grad Celsius im Sommer, um 10 Grad Celsius im Winter, bei einer relativen Luftfeuchtigkeit von knapp 70 Prozent.

Ein Blick in die Geschichte

Aus der Vorgeschichte (1000 v. Chr.)

Letzte Spuren wahrscheinlich bronzezeitlicher Kultur verweisen auf die Vorgeschichte der Balearen und ihrer frühesten Bewohner. Sogenannte *Talayots, Navetas, Taulas* (mutmaßliche Verteidigungstürme, Gemeinschaftsgräber, Opferaltäre), architektonische Signale aus der Prähistorie, finden sich vor allem auf *Menorca.*
Auf *Mallorca* gibt es nur noch wenige interessante Zeugen der megalithischen Zeit. Da sind, abgelegen an der Küste südlich *Lluchmayor,* die vorzeitlichen Siedlungsreste von *Capicorp Vey.* Gut zu erreichen der *Talayot de Ses Paisses,* am Südrand von *Artá.* Die klobigen, prähistorischen Steinwälle dienten im Laufe der Geschichte als willkommenes Baumaterial. Auch die Kathedrale von *Palma* ruht auf solchem Stein.

Die ersten Eroberer (800 v. Chr.)

Steinschleudern waren die wichtigsten Waffen der balearischen Urbewohner. Sie entwickelten in dieser Kriegskunst eine wahre Meisterschaft. Ihr Ruhm verbreitete sich rings ums Mittelmeer. So könnte das griechische *ballein* (schleudern, sich schnell bewegen) Pate für den Namen *Balearen* gestanden haben. Phönizier und Griechen zeigten sich zwar diesen Waffen gewachsen, bestaunten dennoch jene frühen Inselmenschen Mallorcas, die unbekleidet ihrer Arbeit nachgingen. *Gymnesies* wurde Mallorca damals von den Griechen genannt: Insel der Nackten.

Die *Karthager* machten *Ibiza* zu einem Stützpunkt für ihre Kriegszüge übers Mittelmeer. Nun waren die „Schleuderer“ als Truppenverstärkung wieder gefragt. Als nämlich der römische Konsul *Quintus Cecilius Metellus* 123 v. Chr. den entscheidenden Schlag zur Eroberung Mallorcas ausführte, ließ man, zum Schutz gegen die mallorquinischen Steingeschosse, die angreifenden Schiffe mit Lederhäuten überziehen.
Jetzt waren die Balearen römische Kolonie. *Palmara* (heute Palma) und *Pollentia* (heute Alcudia) wurden gegründet. Fast ein halbes Jahrtausend diente nun dem Ausbau von Landwirtschaft und Handel. Dann gaben die *Vandalen* ein kurzes, aber blutiges Zwischenspiel. Kaiser *Justinian* blies 534 n. Chr. zum Sturm und gewann die Inseln unter das Signum Ostroms.

Die Mauren (902 n. Chr.)

Der Zerstörung folgte jetzt eine lange Zeit des Wiederaufbaus. Die *Mauren,* 902 n. Chr. auf die Inseln gekommen, betrieben gleichfalls eine Politik des Friedens. Architekten und Landwirte setzten neue Akzente. Prächtige orientalische Paläste wie die *Almudaina* in Palma entstanden, prunkende Moscheen wurden gegründet. Ein modernes Bewässerungsnetz förderte die Agrarwirtschaft. Jahrhunderte maurischer Herrschaft prägten die Inseln. Vieles hat sich in den Namen der Dörfer, in Elementen der Volkskunst und der Sprache bis heute erhalten. Die Mauren zeigten sich jedoch auch als Piraten perfekt. Kaltblütig kaperten sie Schiffe der christlichen Handelsflotte im Mittelmeer. *Berenguer III.*, Graf von Barcelona, scheiterte 1114 mit dem Versuch, die maurischen Bollwerke von *Medina Mayurca* (dem heutigen Palma) zu durchbrechen, um dem Korsarentreiben damit ein Ende zu setzen.

Das Königreich Mallorca (1229–1349)

Jaime I., König von Aragon (zu dem auch Valencia, Katalonien gehörten), mit zwanzig Jahren gerade auf der Schwelle vom Jüngling zum Mann, setzte sich 1229 an die Spitze einer katalanischen Flotte von 150 Schiffen mit Kurs auf Mallorca. Seine Streitmacht bestand aus 16 000 Mann, 1500 Rössern nebst Wagen für die Schlacht. Doch auch die Mauren hatten gerüstet. Auf Mallorca war ein Heer von 18 000 Kriegern und 1000 Pferden verteidigungsbereit. Am 12. September landete Jaime I. an der Südwestküste vor *Santa Ponsa.* In schweren Gefechten erkämpfte sich das Heer des Königs von Aragon den Durchbruch vor die Befestigungen von Palma. Bei *Secar del Real,* 5 km nördlich der Inselmetropole, wurde der Sturm auf Palma vorbereitet. Am letzten Tag des Jahres 1229 brachen die Bollwerke der Stadt. So war die christliche Eroberung Mallorcas vollzogen worden. Die Kathedrale von Palma ist ein Denkmal dieser historischen Wende.
Eine Zeit demokratischer Freiheiten begann. Sie brachte der Insel wie ihren Zuwanderern aus Aragonien und Katalonien eine unabhängige Verwaltung und Gerichtsbarkeit, dazu gesicherte Rechte an persönlichem Eigentum.

Auch *Ibiza* kannte viele Herren im Wechselbad der Geschichte. Ähnlich wie Mallorca geriet die einstige Kolonie der Phönizier und Karthager (bedeutende Exponate im archäologischen Museum der Stadt Ibiza) aus dem Besitz der Römer, Vandalen und Byzantiner 707 schließlich unter die Herrschaft der Araber. *Jaime I.* korrigierte diese Eigentumsverhältnisse mit Hilfe einer Konquistadoren-Flotte. 1235 fiel das arabische *Yebisah* (Ibiza) an die aragonische Krone.

Jaime II. übernahm nach dem Tode *Jaimes I.* im Jahr 1276 das glückliche Erbe seines Vaters. Er verkündete das *Königreich Mallorca.* Unter seiner Regentschaft entstanden die Bauten der Kathedrale von Palma, des neuen Königspalastes Almudaina, das Schloß Bellver und das Schloß von Valldemosa (am Platz der heutigen Kartause). Er machte sich zum Mentor des großen Philosophen, Literaten und Sprachwissenschaftlers *Ramón Llull,* des Begründers einer ersten Missionsschule für orientalische Sprachen in *Miramar* (auf halber Strecke zwischen *Valldemosa* und *Deya*).

Menorca wurde 1287 dem Königreich Mallorca zugesprochen. *Sancho* bestieg 1311 den Thron seines Vaters. Mit seinem Tod 1324 begann der Zerfall des Königreichs Mallorca. Er hatte keinen direkten Nachkommen.

So wurde sein Neffe, *Jaime III.*, gekrönt, ein neunjähriges Kind. Ein Königlicher Rat wurde gebildet, das *Consulado de Mar* (Seehandelsgericht) gegründet.
Doch Handelsglück und Frieden waren nur von sehr kurzer Dauer. In *Pedro III.* von Aragon war dem jungen König ein gefährlicher Rivale entstanden. Bei *Lluchmayor* wurde Jaime III. am 25. Oktober 1349 von den Aragoniern besiegt. Der König fiel in offener Feldschlacht. Der grausame Sieger machte Schloß Bellver zum Kerker für Witwe und Kinder seines tapferen Gegners.

Die Vorherrschaft der Aragonier (14./15. Jh.)

Die Niederlage des Königs Jaime III. war das Ende des Königreichs Mallorca. Die Insel verlor ihre Unabhängigkeit an das aragonische Königshaus. Palma entwickelte sich im 14./15. Jahrhundert zum bedeutenden Seehandelsplatz. Zwar führte die Heirat *Ferdinands von Aragonien* mit *Isabella von Kastilien* endlich zur nationalen Einheit Spaniens, doch fielen jetzt die Türken über die Inseln her. Blutige Metzeleien dezimierten die Bevölkerung.

Der türkische Admiral *Cherredin Barbarossa* war Anführer der marodierenden Freibeuter. Wacht- und Wehrtürme, *Atalayas,* rund um die Küste entstanden zur Verteidigung Mallorcas. Aus Furcht vor den Überfällen der seeräuberischen Türken zog sich die Bevölkerung von der Küste zurück und gründete ein paar Kilometer weiter im Landesinneren neue Siedlungen. So entstanden u. a. Pollensa neben dem älteren Puerto Pollensa oder Alcudia neben Puerto de Alcudia. Auch Burg und Bastionen der Stadt Ibiza erinnern noch an jene unruhigen Zeiten.

Die Neuzeit

Im Zusammenhang mit dem Spanischen Erbfolgekrieg (1701–1713) wurde Mallorca noch einmal in kriegerische Auseinandersetzungen verwickelt. Mallorca hatte sich – ebenso wie Ibiza – im Erbfolgekrieg für die österreichische Seite stark gemacht. Zur Niederschlagung des Aufstands sandten die Spanier den in ihren Diensten stehenden englischen General Aspheld nach Palma, der Mallorca für die spanische Krone zurückeroberte.

Auf Mallorca wechselten indessen immer wieder die Machthaber. Im Spanischen Erbfolgekrieg machten die Engländer den großen Naturhafen Mahón zu ihrem Stützpunkt. Während des Siebenjährigen Krieges war Frankreich 1756 im Besitz des sicheren Ports. Der Frieden von Paris bescherte Mahón wieder den Engländern, das Jahr 1782 den Spaniern. Von 1783 bis 1802 hielten wieder die Engländer Insel und Hafen von Menorca.

Das alles sind Stationen einer wechselvollen Geschichte. Am Ende des *Karlistenkrieges* (1833–1839) unterwarfen sich die Balearen endgültig der spanischen Krone.

Vier Inseln – vier Temperamente

Mallorca,

dieses Superding des Tourismus, hat an Unterhaltung, Animation sicher am meisten zu bieten. Dazu ein komplettes Angebot an Sport und sonstigen Aktivitäten. Gut achtzig Prozent der Balearenurlauber kommen nach Mallorca. Kein Wunder, daß nicht nur der Riesenstrand von *Playa de Palma/El Arenal* in der Hochsaison aus allen Nähten platzt.

Ibiza

hält den zweiten Platz in der Gunst der Feriengäste. Die *Isla Blanca* war lange eine Oase für Einzelgänger, denen das Erlebnis des Ursprünglichen mehr galt als die Annehmlichkeiten organisierter Bequemlichkeit. Doch wer baden will, braucht auch ein Bett. So wuchs mit dem Flugplatz auch das Hotelangebot. Inzwischen sind die einstmals verträumten Sandbuchten des Eilands mit Fremdenbetten wohlversehen.
Auf Ibiza findet man ebenfalls eine große Palette an Unterhaltung und Sport, an Sightseeing und Einkaufsmöglichkeiten, besonders in Ibiza-Stadt, dem einstigen Mekka der Hippies, der „Blumenkinder", am Anfang der siebziger Jahre.

Formentera,

vor Jahren Geheimtip für massenmüde Einsamkeitsapostel, hat inzwischen recht kräftig aufgeholt. Wer Sand, Strand und Sonne (und sonst nicht viel mehr) sucht, findet das alles reichlich. Leihfahrräder (neuerdings auch Mietwagen) sind die gebräuchlichen Fortbewegungsmittel im malerischen Westentaschenparadies. Das Nachtleben wird von einigen wenigen Diskotheken bestritten.

Menorca,

das zweitgrößte, sprödeste Eiland der Balearen, hat im Verhältnis weniger Hotels anzubieten als Formentera. Zwar hat man auch hier Betonburgen gebaut, doch bleiben noch genug Buchten, die man einen Urlaub lang für sich (und sein Boot) in Besitz nehmen kann. Mit Sandstränden ist die Insel nicht ganz so reichlich versehen wie ihre Schwestern. Fjordähnliche Buchten charakterisieren Menorca.
Auch organisierte Zerstreuung wird hier zurückhaltender offeriert als auf Mallorca oder Ibiza. Man kann es sich im übrigen leisten, den Tourismus gelassener wachsen zu sehen als anderswo, da man immer noch autark ist. Milchwirtschaft, Schmuck- und Lederindustrie ernähren ihren Mann. Zum Vergleich: Rund siebzig Prozent der Mallorquiner leben direkt oder indirekt vom Fremdenverkehr.

Sport und Spiel

Sport und Spiel für jeden Geschmack. Dieses Motto wird auf Mallorca besonders groß geschrieben. Renommierte Schulen für Segler und Surfer (Puerto de Andraitx, Puerto Pollensa) sind hier bereits Tradition. Stationen für ambitionierte Unterwasserfans haben an pittoresken Felsküsten wie *Playa de Canyamel, Illetas, Calas de Mallorca* und anderswo ihren Platz gefunden.
Neu entwickelt hat sich in den letzten Jahren ein breites Angebot an Tennis und Squash. Erfahrene Trainer (etwa im Tennis- und Squashcenter an der Cala Millor) zeigen auch Neulingen unter den Racketfans, wie man Crossbälle perfekt plaziert.
Drei 18-Loch-Golf-Courses sind auf Mallorca ebenfalls anzuzeigen. Zahlreiche andere Sportarten wie Wasserski, Surfen, Fallschirmsegeln, Reiten werden an den meisten Orten offeriert. Entspannende Freizeitbeschäftigungen wie Gymnastik, Volleyball, Bunte Abende, Skatturniere oder auch Sprachkurse stehen rund um das Jahr in den Programmen von Hotels und Veranstaltern.
Auch wer das alles nicht braucht, findet in diesem *Urlaubsberater* eine Fülle weiterer Anregungen für Unternehmungen nach eigenem Gusto.

Wandern und Bergwandern auf Mallorca

Geologie und Landschaft machen Mallorca zu einem Tummelplatz für Wanderer und genießerische Bergfreunde. Spaziergänger finden ein volles Programm: Sandteppiche und Dünen laden zu langen, einsamen Strandgängen ein. Malerische Dörfer, abseits gelegen, verführen zu Streifzügen in waldreiches Hinterland. Das bizarre Wildbachtal *Torrente de Pareis* lockt als unvergleichliches Naturerlebnis. Und die Kette der majestätischen Tausender mit hervorragenden Rundblicken fordert die Gipfelstür-

mer aller Konditionsklassen. Man kann das alles für sich allein unternehmen, wobei man vor Ausflügen in ein unbekanntes, nicht abschätzbares Wagnis Information und Rat der Einheimischen unbedingt mit auf den Weg nehmen sollte.
Veranstalter dienen ebenfalls mit organisierten Wander- und Bergwanderprogrammen. Die Alpinschule Innsbruck hat einwöchige Wandertouren ausgearbeitet, die im Sommer und Winter stattfinden können. Alle Ausflüge führen jeweils am Abend wieder ins Hotel zurück. Die täglichen Wanderzeiten liegen zwischen vier und sechs Stunden. Große Höhendifferenzen muß man auf den zumeist gut angelegten Wegen und Steigen nicht befürchten. Zu den schönsten Routen gehören der Aufstieg zum *Puig Teix* (1064 m), die Wanderung durch das pittoreske Tal *Barranco de l'Ofre,* durch steinalte Olivenhaine zur *Cala Tuent.* Für die Teilnahme sind Bergstiefel, feste Kleidung, Sonnen- und Regenschutz erforderlich.

Kinderparadiese

Mallorcas Sandstrände sind fast überall sanft ins Wasser abfallende Kinderparadiese. Wer viel Platz und persönliche Unabhängigkeit genießen will, findet mit zahlreichen Appartements und Bungalows ein ausreichendes Angebot diverser Preis- und Komfortkategorien.
Supermärkte gehören zur Ausstattung aller größeren Anlagen. Auch die Hotels der Insel sind als kinderfreundlich bekannt. Oft bieten sie, wie auch diverse Bungalow- und Appartement-Komplexe, neben dem Swimming-pool ein Kinderbecken, da und dort sogar den hoteleigenen Kindergarten.
Kinderfeste, fröhliche Wettbewerbe verschiedener Art, werden von Hotels und Veranstaltern ebenfalls ausgeschrieben. Kinderclubs unter der Leitung deutschsprachiger Kindergärtnerinnen ergänzen an manchen Plätzen die fürsorgliche Offerte für die Jüngsten unter den Feriengästen.

Kastell von Capdepera

A Kleine und große Ausflüge

Rundfahrten zu den reizvollsten Plätzen dieser kontrastreichen Insel finden Sie im zweiten Teil dieses Urlaubsberaters. Mietautos kann man auch über Hotelrezeptionen oder Veranstalter bestellen. Ein wendiger Kleinwagen reicht völlig aus für Fahrten über die oft verschlungenen Paß- oder Küstenstrecken des Eilands.
Vielleicht können Sie mit Ihrem Urlaubsnachbarn gemeinsam planen. Das reduziert Ihre Mietrate und Sie haben zum günstigen Preis eine Menge an erlebnisfördernder Mobilität gewonnen.
Wer auf eigene Faust umherstreift, kann aber auch die öffentlichen Verkehrsmittel in seine Planung mit einbeziehen. Zu einigen Zielen gelangt man sogar per Eisenbahn. Im übrigen fördert das preiswerte Netz der Linienbusse individualistische Ausflugsaktivitäten.
Ibiza und *Menorca* sind mit dem Flugzeug zu erreichen. Moderne Jets bringen Sie ab Palma in jeweils rund dreißig Minuten zu den beiden kleineren Schwesterinseln. Nach *Formentera* kann man vom Hafen Ibiza aus zu einer etwa 40-minütigen Seereise starten. Auch auf den Nachbarinseln stehen Mietwagen bereit. Für Formentera sollte man besser vorausbestellen.
Natürlich bieten die Veranstalter auch ein vorbereitetes Ausflugsprogramm. Es wird überwiegend mit den Bussen örtlicher Reisebüros durchgeführt. *Porto Cristo,* die *Drachenhöhlen* oder der *Auto-Safaripark* gehören zu den Vorschlägen, ebenso Reisen durchs idyllische Landesinnere oder zum Bauernmarkt in *La Puebla.* Organisiert kann man auch per Oldtimer-Bummelzug nach *Sóller* fahren. Dort wartet das Ausflugsboot nach *La Calobra* und zum Wildbachtal *Torrente de Pareis.* Boots-Piratenfahrten, Spanferkelessen, mallorquinische Folklore oder das Kloster *Valldemosa,* mit Mittagessen auf einem alten Landgut, gehören ebenfalls zu den Zielen, die Veranstalter und Reisebüros auf Mallorca für Sie bereithalten.

Spezialitäten aus Küche und Keller

Ausflüge zur Inselmetropole Palma, durchs Landesinnere oder zu den Dörfern und Fischerhäfen rund um die Küste kann man auch zu Streifzügen durch das Reich der mallorquinischen Küche gestalten. Auf solche Experimente sollte man sich, abseits der gewohnten Hotel-Pensionskost und der zumeist teuren Restaurants mit „internationaler Küche", dann und wann einmal einlassen. Über den Teller auf dem Tisch einer *Fonda, Posada, Hostería* oder *Bar,* wie die unauffälligen Lokale der Einheimischen genannt werden, erfährt man eine Menge Gutgewürztes über die Eßgewohnheiten und Eigenheiten der Inselbewohner. Ein kerniger Tropfen im Glas kann diesen freundlichen Kontakt nur fördern. Das manchmal unansehnliche Äußere der Landgasthäuser und die mehr oder minder sorgfältig geflickte (Plastik-)Tischdecke sollten Sie nicht stören.

Sopas Mallorquinas gehören zu den bekanntesten Spezialitäten. Das sind Eintöpfe und Suppen aus dunklem Brot, verschiedenen Arten von Gemüse, Öl, Wasser und Salz. *Sofrit Pages:* gebackenes Lamm, Schwein, Huhn mit frischem Gemüse. *Capó a lo Rei en Jaume* heißen Hahn oder Pute mit Marzipan gefüllt. *Greixera:* die Zutaten Fleisch, Eier, Artischokken, Erbsen, dicke Bohnen werden mit aromatischen Kräutern gewürzt. *Caldera de pescado* nennt sich eine buntgemischte Fischsuppe, mit oder ohne Reis. *Ensaimada,* ein typisches Schmalzgebäck, wird oft mit Kürbis-Marmelade, Marzipan oder Sahne gefüllt. *Pa am oli* ist Röstbrot, mit Tomaten und Olivenöl getränkt. Man ißt dazu gerne geräucherten Bauernschinken. Dann heißt das Ganze *Pa amb oli amb cuixot* – ein wahrhaft würziger Zungenbrecher. Probieren Sie's mal.

Und da wir gerade beim Essen sind, hier ein „Basisrezept“ aus mallorquinischen Kochtöpfen. Es ist ein ebenso beliebtes wie bekanntes Gericht.

Sopa Mallorquina (Mallorquinische Suppe)

Die Zutaten sind kein Problem. Mit einer Ausnahme: Sie haben wahrscheinlich kein mallorquinisches Brot. Das kommt relativ dunkel aus dem Ofen, ist ungesalzen und natürlich aus dem Weizen der Insel. Vielleicht hat Ihr Bäcker ein dunkles Weizenbrot.
Lassen Sie das Brot jedenfalls ein bis zwei Tage altern. Einen Topf haben Sie großzügig mit genügend Öl gefüllt, um Knoblauch, junge Zwiebeln, ein paar Tomaten und einige Stengel Lauch darin anzubraten. Sobald das alles angenehm zu riechen beginnt, wird man in Scheiben geschnittenen Weißkohl hinzufügen. Dann gibt man etwas Wasser dazu und läßt das Ganze schön ruhig garen. Nun salzt und pfeffert man nach Geschmack. Sobald die Brühe kocht, wird das geschnittene Brot mit Öl beträufelt und unter die Kohlscheiben verteilt. Brot und übrige Zutaten in gleicher Menge. Dann nehmen Sie den Topf von der Kochplatte und schließen den Deckel. Das Brot beginnt zu quellen und saugt die würzige Brühe in sich ein.
Nach diesem Rezept lassen sich *Sopas Mallorquinas,* je nach der Jahreszeit, auch mit Blumenkohl, Spargel, Spinat und anderen Gemüsearten zubereiten.

Ein kräftiges Fleischgericht läßt sich ebenfalls recht problemlos am heimischen Herd zubereiten:

Der Mallorquinische Fleischtopf

Die Zutaten: 200 g Schweinelende, 2 Schweineschnitzel, 1 mittlere Scheibe Schweineleber, 500 g Kartoffeln, einige Pfefferschoten, Pilze nach Belieben, einige Knoblauchzehen, Salz, Paprika, 2 EL Olivenöl, 15 g Schweineschmalz.
Öl und Schmalz in einem Topf heiß werden lassen. Kartoffeln schälen und in Wasser in einem anderen Topf zum Kochen bringen. In der Zwischenzeit das Fleisch und die Leber in würfelgroße Stücke schneiden. Mit Salz und Paprika würzen. Die Fleischwürfel in den Topf geben, die Pfefferschoten und die Pilze kleinschneiden und dazugeben, ebenso die gehackte Knoblauchzehe, alles gut anbraten und zum Schluß die Leberwürfel dazugeben. Gut dünsten. Sobald die Kartoffeln gar sind, kommen sie ebenfalls in den Topf, dort sollten sie Gelegenheit haben, die Würze des Fleischtopfes ganz in sich aufzusaugen. Alles klar? Dann *Que aproveche* – guten Appetit!

Feste und Veranstaltungen

Neben den lokalen Feiern zu Ehren des jeweiligen Ortsheiligen gibt es eine Reihe von aufwendigen, oft überaus farbigen Veranstaltungen, deren religiöser Hintergrund weltliche Freuden wie Tanz, Gesang und die Genüsse der Tafel keineswegs ausschließt. Oft lohnt es sich auch für den Fremden, an einer solchen *fiesta* teilzunehmen.

Hier eine kleine Auswahl:

Februar: Zur schönsten Zeit der Mandelblüte beginnt der Karneval auf Mallorca. Zehn Tage dauert das Spektakel. Es endet mit einem fröhlichen Umzug an der Playa de Palma.

März: Das Fest des *pa i peix* (Brot und Fisch). Wallfahrt zur Kapelle Nuestra Señora de la Consolación. Volkstanz und Gesänge (in San Juan).

April: Karprozession mit dem Bildnis des *Cristo de la Sangre* (in Palma).

April: Devallement (Fest der Herabnahme vom Kreuz). Feierliche Prozession mit dem Bildnis Christi, bei der Hunderte von Öllampen und Fackeln den Weg erhellen (Pollensa).

Mai: Fiesta zu Ehren von *Nuestra Señora de la Victoria.* Am zweiten Tag, zur Erinnerung an den Überfall maurischer Korsaren und ihrer Besiegung (1561), wird dieses dramatische Ereignis nachgespielt (Sóller).

Juni: Corpus-Christi-Prozessionen in allen größeren Orten. Sehenswert die Blütenteppiche, die für diese Prozessionen gelegt werden.

Juni: Wallfahrt zu Ehren von *San Marcial.* Besuchenswert der Töpfermarkt mit volkstümlichen regionalen Keramikarbeiten, unter ihnen die *siurells,* kleine, mit naiven Figuren geschmückte Lehmpfeifen (Marratxi).

Juli: Fest der Seeleute zu Ehren von *Nuestra Señora del Carmen* in fast allen Häfen. Meeresprozessionen, Jahrmarkt, Folklore-Veranstaltungen.
Juli: Fest zu Ehren der Heiligen *Catalina Thomás* aus Valldemosa. Ein glanzvolles religiöses und folkloristisches Volksfest (Valldemosa). Es findet am darauffolgenden Tag in Palma mit einer Reiterprozession und dem symbolischen Einzug der Heiligen seine Fortsetzung.
August: Fest zu Ehren der Heiligen *Catalina Thomás.* Reiterzug, Gruppen von *faies* – Flötenspielern – und *xirimies* – Dudelsackspielern (Santa Margarita).
August: Fest zu Ehren des Schutzpatrons *San Juan Bautista* (Johannes der Täufer). Umzug der *demonis* – Teufel – und *cabezudos* – Tänzer mit riesigen Kopfmasken – in Begleitung von Dudelsackspielern (San Juan).
September: Fest der Weinlese. Folkloristische und literarische Veranstaltungen (Binisalem).

Perlen-Manufaktur

Kleiner Einkaufsbummel

Die Hauptstadt *Palma* ist auch das Einkaufsparadies der Insel. Hier findet man Antiquitäten, Mode, Schmuck, Pelze oder Lederwaren nach jedem Geschmack und für jeden Preis. Darüber hinaus gibt es Einkaufsmöglichkeiten auf den Rundfahrten quer durch Mallorca. Inseltypisches kann man an einigen Zentren der Fabrikation und Verarbeitung erstehen.
Santa Maria, Inca sind Plätze der Lederverarbeitung. In *Manacor,* mit seinen Manufakturen, wird man die weltweit bekannten künstlichen Perlen auswählen. Auch in den größeren Badeorten findet man einen mehr oder minder breiten Querschnitt durch das Angebot der Insel. Und die Souvenir-Industrie ist natürlich allgegenwärtig. Wenn Sie die Uferpromenade von Ca'n Pastilla bis Arenal passieren, sind Sie über das Angebot lückenlos informiert.

Heute geh'n wir aus

Was sind Ihre Wünsche? Wenn es um Nightlife geht, wird Mallorca sie alle erfüllen. Bar und Diskothek hat heutzutage fast jedes größere Hotel. Eine gehobene Auswahl an Nachtclubs findet sich natürlich in Palma. Und auch die Veranstalter helfen Ihnen mit organisierten Streifzügen durch das Nachtleben der Inselmetropole: *Palma by night* endet zumeist im *Tito's,* dem bekanntesten Night- und Showclub der Balearen.
Aber auch an der Playa de Palma/El Arenal, in Magaluf, Paguera, Ca'n Picafort oder Cala Millor schäumen Sekt und gute Laune rund um die Uhr, wenn Sie das wünschen.

Gute Tips
für 1000 Wünsche

Mallorca kann viele Urlaubswünsche erfüllen. Die Inselhauptstadt bietet eine Vielfalt großstädtischer Anregungen. Kultur, Sightseeing, Sport, Unterhaltung und Einkaufsmöglichkeiten aller Art gehören zur bunten Offerte von Palma. Das gute Straßennetz der Insel verbindet jedoch auch Ferienmenschen abseits der Metropole problemlos mit der lebendigen Hauptstadt.
Was will man im Urlaub? Entspannen, mal „locker vom Hocker“ im Discosound dem Morgen entgegenfiebern? Abseits der Touristenströme eigene Spuren ziehen? Sportliche Kondition beweisen oder sich quer durch die Insel an Land und Leute verlieren? Was ist ein gelungener Urlaub denn anderes, als die Übereinstimmung von Erwartung und Wirklichkeit? Da sollte man sich rechtzeitig Gedanken machen, was eigentlich zu einem gelungenen Urlaub gehört.
Sa Roqueta (der kleine Felsen), wie die Mallorquiner ihre Insel gelegentlich nennen, bietet einige der schönsten Strände und sicherlich die imposanteste Klippenlandschaft des balearischen Archipels. Dazu Sandteppiche, südliche Sonne und die sanfte Verführung des Mittelmeers. Das (wasser-)sportliche Angebot der Insel wird kaum irgendwo zu übertreffen sein. Und auch der Strauß an Abwechslung, von organisierten Ausflügen bis zu einer breiten Palette an Hobbymöglichkeiten, ist so groß wie kaum irgendwo sonst.

Fischerhafen mit Kathedrale

Palma de Mallorca

(290 000 E.)

Palma ist die Hauptstadt Mallorcas, Provinzmetropole der Balearischen Inseln, Hafen- und Handelsplatz, Bischofssitz, anregendes Vexierbild aus steingewordener Geschichte, merkantiler Geschäftigkeit und südländisch bestimmter Lebensfreude.

Wer Palma vom Meer her erstmals ins Auge faßt, wird von der breit ausladenden, palmengeschmückten Seepromenade beeindruckt sein, die über rund sechs Kilometer vom alten Hafen *Porto Pi* und den anspruchsvollen Hotels am *Paseo Marítimo,* vorbei an modernen Hafenanlagen und bedeutenden Architekturdenkmälern, zur Kathedrale *La Seo* führt. Selbstbewußt steht der mächtige gotische Bau hoch über dem Meer.

Besichtigung

Palacio de la Almudaina

Hier hinterließ auch die Geschichte der Stadt ihre ältesten Spuren: Das Fundament des *Palacio de la Almudaina,* gegenüber der Kathedrale, erinnert an die einstige römische Kolonie *Palmaria,* die nach dem Sarazenensturm im 8. Jahrhundert *Medina Mayurca* genannt wurde. Bis ins 12. Jahrhundert war Palma dann Kapitale der Araber. Man erreicht Palast und Kathedrale von den Gärten *S'Hort del Rey* (an der Avda. A. Maura) über breite Treppen, die hinauf in die *Vila D'Alt* (Oberstadt) führen.

1230, nach der Eroberung der Insel (siehe Seite 7), wurde der Sitz maurischer Wesire zur Residenz der Könige von Mallorca. Jaime I. gab der Stadt Gesetz und Verfassung aus ei-

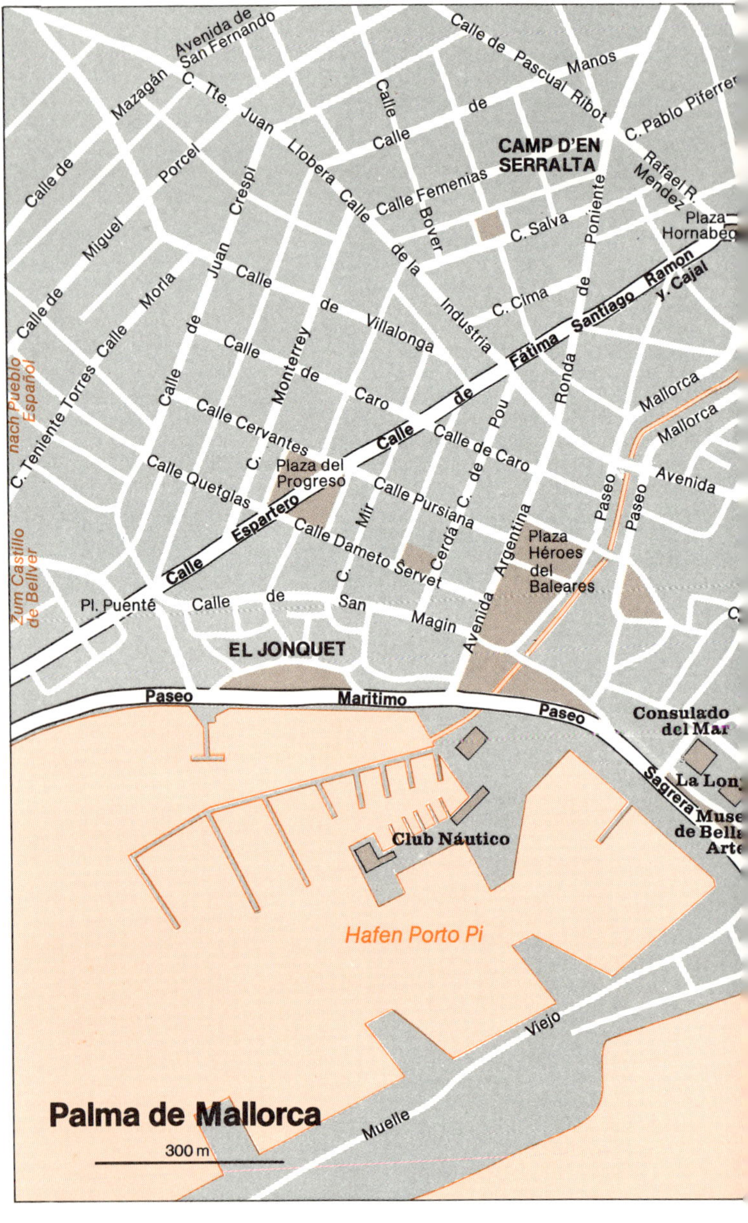
Palma de Mallorca
300 m
Avenida de San Fernando
Calle de Pascual Ribot
Manos
CAMP D'EN SERRALTA
Calle Femenias
C. Salva
C. Cima
Calle de Fatima
Santiago Ramon y. Cajal
Calle Espartero
Calle de Villalonga
Calle de Caro
Calle Cervantes
Calle Quetglas
Calle Dameto Servet
Calle Pursiana
Plaza del Progreso
Plaza Héroes del Baleares
Pl. Puenté
Calle de San Magin
EL JONQUET
Paseo Maritimo
Paseo Sagrera
Consulado del Mar
Club Náutico
Hafen Porto Pi
Muelle Viejo
nach Pueblo Español
Zum Castillo de Bellver
C. Teniente Torres
Calle de Miguel Porcel
C. Tte. Juan Llobera
Calle de la Industria
C. Juan Crespi
C. Monterrey
C. Mir
C. Cerdá
C. de Pou
Avenida Argentina
Ronda de Poniente
Rafael R. Mendez
C. Pablo Piferrer
Plaza Hornabeq
Paseo Mallorca
Avenida
Calle de Mazagán
Calle Bover
Calle Morla

La Riera
Calle de Jesus
C. de Blanquerna
Calle 31 de Diciembre
Pl. Cardenal
Reig
N
Via Alemania
Av. Conde Sallent
Pedro Dezcallar y Net
Cardenal
Via Portugal
Via
Av. Juan March
C. Cecilio
Metelo
Pou
C. Marqués de Fuensanta
Cerdaña
Obispo
Campins
C. de la Concepción
Calle de los Olmos
San Miguel
Plaza
España
Roma
Markthallen
Jardin Botánico
(La Rambla)
Pl. Olivar
Mercado
Olivar
Av.
San Jaime
Calle
San
Miguel
C. Arabi
José Tous Ferrer
Alejandro
Jaime III
Pl. Mercedario
Fuente
de la
Princesa
Pl. Pío XII
C. G. Mola
Pl. Sta.
Catalina
Thomás
Navarra
Calle
Rosselló
Pl. Mayor
Sindicato
del
Gerichts-
gebäude
Calle
C. Herreria
Paseo del Borne
Paseo del Borne
San Bartolomé
Jaime II
Pl. Coll
Calle Socorro
Avenida
Santa
Eulalia
Pl. de la
Reina
Pl. Cort
Palacio
Vivot
C. Conquistador
C. de la Almudaina
Mar
Casa
Oleo
Ayunta-
miento
C. Troncoso
San
Francisco
General
Av. Antonio Maura
Casa
Villalonga
Casa
Truyols
Casa del
Marqués
de Palmer
Primo de
Kathedrale
La Seo
Calle del Sol
Sta. Clara
Pl. Temple
Palacio
de la
Almudaina
Museo
Diócesano
J.
Montesión
Rivera
Palacio
Episcopal
Baños
Arabes
Convento
Sta.
Clara
Parque del Mar
Pl. Santa Fe
Ronda
Litoral
Mittelmeer

Kathedrale La Seo

gener Machtvollkommenheit. An die Stelle maurischer Architektur trat nun die Gotik. Auch der Almudaina-Palast wurde vom Baufieber der wechselnden Herren nicht verschont: Ein Torbogen, zwei zinnenbewehrte Ecktürme verraten noch

Hauptportal der Kathedrale

maurische Herkunft. Die dem Meer zugewandte Galerie und die Kapelle *Santa Ana* (mit romanischem Portal) zeigen sich bereits im gotischen Stil. Heute sind im *Almudaina-Palast* die *Capitanía General* (Militärkommandantur), Gerichtshof und Nationalmuseum der Stadt untergebracht. Der *Patio del Rey,* ein schöner Arkadenhof, und die eindrucksvoll strenge Santa-Ana-Kapelle bleiben jedoch frei zugänglich.

Die Kathedrale La Seo

Auch die benachbarte Kathedrale *La Seo* entstand nach den Vorstellungen des Königs Jaime I. Während eines Sturmes auf dem See- und Eroberungsweg nach Mallorca, so sagt es die Legende, gelobte er für den Fall seines Sieges die Stiftung einer zum Himmel hoch aufstrebenden Kirche. Stolze 44 Meter Höhe erreicht das Mittelschiff dieses Domes, den man zu den wichtigsten gotischen Kirchenbauwerken Spaniens zählt. Der gewaltige Sandsteinbau breitet sich über mehr als 6000 qm. Die eindrucksvollste Perspektive hat man vom Meer her. Am Platz der Kathedrale hatte eine Moschee gestanden, bevor man 1230 mit den Bauarbeiten begann, ein Werk durch Jahrhunderte. 1346 wurde der Hochaltar geweiht, doch erst 1601 war der Bau vollendet. Der wuchtige Glockenturm ist bis heute ein Fragment geblieben. Er gibt neun Glocken Platz, darunter der massiven *N'Eloi* mit zwei Metern Durchmesser und gut 5000 kg Gewicht. Von hier aus hat man ein komplettes Panorama von Stadt und Hafen. Nach dem Erdbeben 1851 und besonders im Zuge einer Renovierung (1903) wurden einige Umgestaltungen vorgenommen. Dazu gehört vor allem die Verlegung des Mittelchores in die *Capilla Real* (Königskapelle) hinter dem Hochaltar.

Almudaina-Palast und Kathedrale

Einige architektonische Daten: *La Seo* hat einen romanischen Grundriß in einer Länge von 121 m und einer Breite von 55 m. Die Decke (4000 qm) wird von 14 achteckigen Säulen mit einem Durchmesser von jeweils rund 1,5 m getragen.
Haupttor und *Puerta del Mirador* bleiben dem Besucher zumeist verschlossen. Am gotischen *Mirador-Portal* sollte man jedoch nicht vorbeigehen. Es zeigt Skulpturen und ein Heiliges Abendmahl des bedeutenden Mallorquiner Architekten *Sagrera.* Man betritt die Kathedrale von der *Plaza de la Almudaina* durch das *Almudaina-Portal* unter dem Glockenturm. Außerhalb der Gottesdienste ist der Zutritt nur durch das Museum mit dem Domschatz *Tesoro de la Catedral* (Eintritt) möglich. Führungen werden auch in deutscher Sprache veranstaltet.
Die strenge Klarheit dieses kraftvoll zum Himmel aufragenden gotischen Kirchenraumes, in dessen Fenstern und Rosetten der 30 m hohen Seitenschiffe sich das weiche Licht eines schönen Sonnenmorgens verfängt, wird zum eigentlichen Erlebnis des Besuchs. Prächtige Barockaltäre schmücken die meisten der 18 Kapellen, die, als Apsis gebildet, den mächtigen Dom umrahmen. An den Wänden der *Capilla de la Trinidad* (Kapelle der Hl. Dreieinigkeit), am Ende des Chores, befinden sich die Mausoleen der Könige Jaime II. und Jaime III. In den beiden Kapitelsälen zeigt man aus dem Domschatz Juwelen, wertvolle Reliquien, eine elfenbeinerne Christusfigur, in Silber getriebene, siebenarmige Leuchter, eine Sammlung kostbarer Tapisserien und auch (mutmaßliche) Splitter vom Kreuze Christi.

Palacio Episcopal (Bischofspalast) und *Museo Diócesano* (Diözesanmuseum) auf der *Bastión del Mirador* sind nur ein paar Schritte entfernt. *Patio* (Innenhof) und Garten bieten einen reizvollen Anblick. Exponate zur Kulturgeschichte Mallorcas, aus mehreren Jahrhunderten christlicher Kunst, sowie einige bedeutende gotische Altarbilder bilden die Stützen der Sammlung.

Aufstieg zur Plaza Mayor

Die Altstadt

Nun nimmt uns die Altstadt gefangen mit ihren engen, angenehm kühlen Winkelgäßchen. Da locken der malerische Patio der Kapelle *San Pedro y San Bernardo,* an der Ostseite der Kathedrale, die Fassaden und Innenhöfe von Gotik, Renaissance und auch Barock beeinflußter Patrizierhäuser und Adelspaläste wie *Casa Oleo, Casa Truyols* oder *Casa Villalonga.* Man findet sie alle in der *Calle de la Almudaina.* Die reizvollen Renaissance-Ansichten der *Casa del Marqués de Palmer* (Calle del Sol, 17) und *Casa del Marqués de Vivot* (C. Zavella), mit schöner Barocktreppe und Galerie, befinden sich in der nahen Nachbarschaft. Die genannten Herrschaftshäuser sind nur einige herausragende Beispiele. Ihnen gemeinsam sind die unverwechselbaren Merkmale mallorquinischer Baukonzeption.

Beim Bummel durch die *Calle de la Almudaina* stößt man auch auf den Arabischen Bogen *(Arco de la Almudaina).* Zusammen mit den Arabischen Bädern *(Baños Arabes)* (C. de Serra, 13) sind das die letzten Erinnerungen an die maurische Herrschaft. Zugang ist nur zum idyllischen Garten der Bäder möglich. An die arabische Epoche erinnert schließlich auch das nahe *Convento Santa Clara* (Calle Santa Clara). Die gotische Kirche zeigt sich mit einem Glockenturm, der an ein Minarett erinnert.

Kirchen und Klöster

Für die zahlreichen Kirchen und Klöster müßte man sich mehrere Tage Zeit nehmen. Hier eine kleine Auswahl der bedeutendsten sakralen Bauwerke in Palma.

Zur Kirche *Montesión* (C. del Viento) ist man vom Convento Santa Clara schon auf dem Weg. Sehenswert sind das *Barockportal* (1633) und der gotische Marienaltar (15. Jh.) eines unbekannten Mallorquiner Meisters.

Ein paar Straßen in Richtung Norden und man steht an der gleichna-

Kloster San Francisco

migen Plaza vor dem *Kloster San Francisco.* Die gotische Kirche hat ein einziges Schiff (74 m lang, 17 m breit und 24 m hoch). Sehenswert das mit einer Rosette geschmückte barocke Eingangsportal und im Inneren das gotische Grabmal des Philosophen Ramón Llull (1232–1315). Die Ruhe des Kreuzgangs mit seiner meisterlichen gotischen Spitzbogenarchitektur legt sich wohltuend über den Besucher.

Eine weitere Sehenswürdigkeit auf dem Weg zu den Kirchen Palmas liegt auf der Route: die gotische Kirche *Santa Eulalia.* Wie die Kathedrale nach der Eroberung Mallorcas zunächst als kleine Kapelle (1236) konzipiert, wurde sie 1414 als dreischiffige Kirche fertiggestellt. Portal und Glockenturm sind erst in jüngerer Zeit hinzugefügt. Bemerkenswert der Hauptaltar mit der „Krönung der Jungfrau Maria" von *Mezquida,* die Marmorstatue *Dormición de la Virgen* (die schlafende Jungfrau), das Gemälde *Salvator Mundi* (Heiland der Welt) von *Francisco Gómez* und ein gotisches Altarbild in der ersten rechten Seitenkapelle.

In westlicher Richtung erreicht man schließlich die *Plaza Cort* mit dem *Ayuntamiento* (Rathaus). Bemerkenswert vor allem die mächtige Renaissance-Fassade (16. Jh.). Im Treppenaufgang lohnt ein Bild des *Hl. Sebastian* (wahrscheinlich von *van Dyck*), des Schutzpatrons von Palma, die Besichtigung. Im zweiten Geschoß das *Historische Archiv von Mallorca* mit wertvollen Handschriften und Urkunden, wie das Buch der Vorrechte *(Libre dels privilegis)* der Könige von Mallorca.

La Lonja – Paseo Marítimo – Paseo Sagrera

Jetzt könnte der Weg zur Kathedrale zurückführen und über die Freitreppen wieder hinab zur *Vila de Baix* (Unterstadt). *Avda. Antonio Maura* heißt das Tor zur Meerespromenade. Zahlreiche Restaurants locken hier

Die Lonja (Börse)

mit Meeresfrüchten, Langusten und Garnelen. Man kann also mit kritischer Gelassenheit auswählen.

Am Hafen, zwischen dem *Muelle Viejo* (Alte Mole) und dem *Club Náutico,* erstreckt sich der *Paseo Sagrera* mit der *Lonja* (Börse), dem bedeutendsten gotischen Profanbau der Stadt. Erbaut wurde *La Lonja* im 15. Jh. von dem Mallorquiner Architekten *Guillermo Sagrera.* Ein ein drucksvolles Zeugnis einstiger mediterraner Handelsmacht. Zwei der vier hoch aufragenden achteckigen Zinnen-Ecktürme lassen sich als Aussichts-Plattform über Hafen und Stadt benutzen. Eindrucksvoll das reich geschmückte Hauptportal mit dem krönenden Relief eines Engels. Sechs sich palmenartig zu einem Kreuzgewölbe öffnende Säulen sind die einzige Zierde des alten Handelssaals im Inneren des Sandsteinbauwerks. Hier ist jetzt das *Museo Provincial de Bellas Artes* (Provinzialmuseum der Schönen Künste) mit gotischen Tafelbildern, archäologischen Exponaten und unterschiedlichen Ausstellungen untergebracht.

Das *Consulado del Mar* (ehemaliges Seehandelsgericht) liegt gleich nebenan. Der prächtige Bau mit reichgetäfelter, fünfbogiger Renaissance-Galerie ist heute Sitz der Landesregierung. Früher war hier das *Museo Marítimo* (Meeresmuseum) untergebracht, das über die mallorquinische Seefahrergeschichte informierte.

Der *Paseo Sagrera* erinnert an ein anderes Kapitel der Vergangenheit. Hier mündete bis zum 17. Jh. die wildströmende *La Riera* ins Meer, die von der heutigen *Via Roma* (auch *La Rambla* genannt) über den sogenannten *Borne* (Paseo Generalísimo Franco) Ober- und Unterstadt voneinander trennte. Der Wildbach hatte 1403 bei einer Überschwemmung ca. 5000 Tote gefordert. Katastrophen kennzeichneten auch das 17. Jahrhundert. Dürre, Hungersnot, die Pest breiteten sich über die Stadt. Der Erbfolgekrieg zwischen Österreich und den Bourbonen fand Palma auf der Seite Österreichs. So besetzten die Truppen Philipps V. die Insel und ihre Hauptstadt. Palma wurde aller autonomen Privilegien beraubt, sank auf das Maß einer schlichten Inselmetropole.

Paseo del Borne – La Rambla

Das 19. Jahrhundert hatte mit *„La Ciudad“* ebenfalls nicht nur Gutes im Sinn. Mehrere Epidemien, darunter das Gelbfieber, dezimierten die Bevölkerung. Um diese Zeit entstanden jedoch auch die großen Boulevards, der *Paseo del Borne,* die Promenade *La Rambla (Via Roma).* Mit der Elektrizität, dem Kraftquell unseres Jahrhunderts, begann ein neuer wirtschaftlicher und bevölkerungspolitischer Aufschwung der Metropole Mallorcas. In rund achtzig Jahren hat sich die Einwohnerzahl Palmas mehr als vervierfacht.

Die *Plaza Mayor* erhielt (vor einer Umgestaltung anfangs der siebziger Jahre) ihr erstes architektonisches Gesicht als Marktplatz. Heute beherrschen hier Geschäfte, Bars und kleine Restaurants das Bild.

Folgen wir jetzt aber dem einstigen Bett des Wildbachs *La Riera* über die *Avenida Antonio Maura* zur bekanntesten Promenade, dem volkstümlich *Borne* genannten *Paseo del Borne.* Der breite, repräsentative Boulevard wird von Terrassen-Cafés, Restaurants, Reiseagenturen und anspruchsvollen Geschäften gesäumt. Hier trifft man sich unter dem Dach schattenspendender Platanen, plaudert mit Freunden, besichtigt die flanierenden Gäste aus aller Welt.

Wendet man sich nun ein paar Schritte nach Westen, erreicht man einen der beiden ansehnlichsten Adelssitze von Palma, die *Casa Marqués de Sollerich* (Calle San Cayetano, 22). Sehenswert sind Fassade, Galerie und Patio des von italienischen Stilelementen beeinflußten Herrschaftshauses. Im Inneren eine wertvolle Sammlung von Möbeln und Bildern Mallorquiner Provenienz des 18. Jahrhunderts.

Will man dem Rundgang zu den Herrenhäusern von Palma noch ein weiteres Ziel hinzufügen, dann gelangt man in wenigen Minuten nordöstlich zur *Casa Berga* (Plaza Santa Catalina Thomás, 40). Das ist der zweitgrößte Palacio der Stadt, heute Gerichtsgebäude. Bemerkenswert das wappengeschmückte Portal, die balkonverzierte Fassade wie der große Innenhof.

Vom *Borne* weisen nun die Wege in die Zentren der Shopping-Freunde.

Consulado del Mar

Paseo del Borne

Gebäude in der Altstadt

Die *Plaza de Pio XII* öffnet sich im Norden, der sprudelnde *Schildkrötenbrunnen* (auch *Fuente de la Princesa*) in ihrer Mitte. Er entstand 1833 zur Erinnerung an die Infantin *Isabella.* Links die *Avda. Jaime III,* mit Boutiquen, Banken, Reise- und Flugbüros etc.
Auch am südlichen Ende des *Borne,* von der *Plaza de la Reina* (mit dem hübschen Park *Glorieta de la Reina*) bis zur *Plaza Mayor,* finden sich in

Patio in der Altstadt

verwinkelten Gassen Geschäfte für nahezu jeden Bedarf und Geschmack. Ein Bummel durch die *Calle San Miguel,* im Norden der *Plaza Mayor,* führt zur *Plaza Olivar* und damit zu den Markthallen von Palma. Der *Mercado Olivar* bietet eine verlockende Auswahl an Fleisch, Fisch, Obst und Gemüse, inmitten sprudelnder mallorquinischer Geschäftigkeit.
Die *Calle San Miguel,* vorbei an der gleichnamigen Kirche, und die *Calle Arabi* führen schließlich zur stattlichen *Via Roma,* auch *La Rambla* genannt. (Schmuck, Antiquitäten, auch Blumenmarkt.) Über *Calle Navarra* (Teatro Principal), *Calle General Mola* und *Plaza de Pio XII* erreicht man wieder den schattigen *Borne.*
Die nahe Meerespromenade vom *Paseo de Sagrera* zum *Paseo Marítimo,* nach ihrem Erbauer *Avda. Ingeniero Roca* genannt, ist mit ebenso noblen wie teuren Hotels, Restaurants und Geschäften einen abendlichen Bummel wert, zumal sich unübersehbar über dem *Paseo Marítimo* das Vergnügungsviertel *El Terreno* und das durch seine Windmühlen bekannt gewordene Quartier *El Jonquet* befinden. Die Windmühlen haben sich im Zeichen des prosperierenden Tourismus freilich längst in Nachtclubs verwandelt.
Der *Paseo Marítimo* endet am alten Hafen *Porto Pi,* mit dem Leuchtturm und dem Wachtturm *Torre de Pelaires* (15. Jh.).

Pueblo Español

Von der Meerespromenade lassen sich weitere Sehenswürdigkeiten am Rande von Palma erschließen. Das *Pueblo Español* ist ein anfangs der sechziger Jahre entstandener Mikrokosmos spanischer Topographie: ein moderner Kongreß- und Festspielkomplex, naturgetreue Kopien pro-

Castillo de Bellver

faner wie sakraler spanischer Architektur, maßstabgetreue Nachbildungen spanischer Städte und Dörfer, Denkmäler aus verschiedenen Stilepochen, Volkstum aus den Regionen Spaniens. Als lebendiger Gegenpol Kunsthandwerk (und Kitsch) unserer Zeit, Tavernen, Restaurants, Volksfeste und Flamenco-Shows (im *Tablao Flamenco*).

Castillo de Bellver

Das *Castillo de Bellver* thront – gewissermaßen als architektonischer Kontrapunkt zur Kathedrale – hoch über der westlichen Stadt. (Busverbindung von der *Plaza de la Reina*.) Das Schloß stammt aus dem Beginn des 14. Jahrhunderts und war zunächst Sommerresidenz der Könige von Mallorca. Es steht, von Pinien umkränzt, in schöner Panoramalage, 140 m über dem Meer. Nach der verlorenen Schlacht von Lluchmayor im Jahre 1349, bei der Jaime III. den Tod fand, verwandelte der Sieger, Pedro IV. von Aragon, das Kastell in einen Kerker für die Angehörigen des Verlierers. Dieser düsteren Bestimmung blieb das Schloß Bellver im Verlauf der weiteren Geschichte treu. Im 16. Jahrhundert war es Staatsgefängnis für politische, schließlich auch kriminelle Gefangene. Prominentester Häftling war der Minister und Literat *Javellanos.* Eine Büste im Park und eine Tafel in der Zelle erinnern an seinen Zwangsaufenthalt von 1802 bis 1808, den er zur Niederschrift einiger bedeutender Werke nutzte. Ungeachtet aller Pein bezeichnete er *Bellver* als eines der schönsten Bauwerke aus dem 14. Jahrhundert. In der Tat ist der von vier großen und drei kleineren Wehrtürmen gesicherte Rundbau von eindrucksvoller Statur. Den mächtigen *Torre del Homenaje* (Ehrenturm) hat man durch eine Brücke mit der Terrasse des Hauptbaues verbunden. Die Verwendung dieses Turmes stand allerdings in einer eher unfreundlichen Beziehung zu seinem Namen. Er diente nämlich als Verlies. Die finsterste aller Zellen besaß als einzige Verbindung zur Außenwelt ein rundes Loch in der Decke.

Pueblo Español

Windmühlen über dem Yachthafen

Man nannte sie daher *La Olla* (tiefer Topf). Heute genießt man vom *Torre del Homenaje* einen freien Blick über Bucht und Stadt Palma.
Interessant ist auch der Innenhof des Kastells, mit Brunnen und romanischen Arkaden. Das dortige *Museo Municipal* (Städtisches Museum) zeigt archäologische Funde aus prähistorischer Zeit.

Oficina de Turismo, Avenida Jaime III., 10, Tel. 21 22 16. (Werktags von 9–13 Uhr und von 16–19 Uhr, auch Fahrpläne für öffentliche Verkehrsmittel).

Nationalmuseum, Almudain-Palast, Plaza de la Catedral (10–13 Uhr und 15.30–16 Uhr, sonntags nur vormittags) – Möbel, Gemälde, Waffen, Keramik. Museum Mallorca (Altstadt), Calle Portella, 5 (10–13 Uhr und 16–18 Uhr) – Römische und gotische Malerei und Mosaiken, archäologische Sammlung. *Museum des Bischofspalastes,* Palacio Episcopal (10 bis 13 Uhr) – Archäologie, Schmuck, Keramik, Münzen, Malerei, Skulpturen. *Museum Krekovic* (Son Fusteret), Straße nach Indioteria, 2 km von der Plaza España (10.30–13 Uhr, sonntags geschlossen) – Malerei aus der Welt der Inkas und dem heutigen Peru. *Casa de Bellas Artes,* Avda. General Mola (11–13.30 Uhr und 18–21 Uhr) – Ausstellungen zeitgenössischer Maler. *Galería Pelaires* (10–13.30 Uhr und 17–20.30 Uhr – Eintritt frei) – Moderne Malerei und Plastiken.

Auditorium, Paseo Marítimo.

Shopping in den Straßen und Boulevards rund um den *Borne.* Gehobenes Angebot an Schmuck, Antiquitäten, Mode, Lederwaren, Majorica-Perlen etc. u.a. am *Borne,* an der *Avda. Jaime II.,* an der *Via Roma* (Rambla) und auch am *Paseo Marítimo.*

Portixol del Molinar, Sirena 27 (internationale Küche, Spezialität: Langusten); Caballito de Mar, Paseo Sagrera, 5 (spanische und internationale Spezialitäten); Casa Gallega, Pueyo, 6 (spanische Fischspezialitäten); Celler Sa Premsa, Pl. Ob. Berenguer de Palou, 8 (typische mallorquinische Küche, rustikal, einfach); Casa Eduardo, Lonja de Pescado (spanische Küche, einfach).

Zentrum des Nachtlebens ist der Stadtteil *El Terreno.* Dort liegt auch der bekannteste Nachtclub der Balearen. Er heißt „Tito's" und ist fast immer sehr gut besucht. Attraktiv ist ein hervorragender Blick auf den Lichterglanz der nächtlichen Bucht von Palma. Die „internationalen" Show-Programme sind allerdings von wechselnder Qualität und entsprechen nicht grundsätzlich den anspruchsvollen Preisen auf der Getränkekarte. Weitere Nachtclubs mit Programm: Broadway, Tablao Flamenco (speziell Flamenco) und Jack el Negro. Im phantasievoll gestalteten Nachtclub ABACO, Calle San Juan 1, trifft sich die Prominenz.

Im Cellar Sa Premsa

Abraxas, Club de Mar u. v. a.

Casino de Mallorca in Magaluf (ca. 20 km).

Der rund 7 km lange Sandgürtel *Playa de Palma,* von *Ca'n Pastilla* nach *Arenal* liegt ca. 8 km südöstlich von Palma, der Strand von *Illetas* ca. 9 km südöstlich. (Näheres siehe unter den Namen der betreffenden Strände.)

Diverse Hotels verfügen über einen hauseigenen Swimming-Pool.

Am Schloßhotel Castillo de Son Vida (18 Löcher).

Mallorca Tennis Club und Club Natación Palma. Diverse Hotels verfügen über eigene Plätze.

Informationen Club Náutico, Palma de Mallorca, Muelle San Pedro, 1.

Internationale und lokale Autoverleihfirmen. Vermittlung auch durch Hotels und Veranstalter.

A Organisierte Ausflüge werden von Reisebüros und Veranstaltern offeriert.

Für individuelle Ausflüge stehen folgende Eisenbahnverbindungen zur Verfügung: *Palma – Inca, Palma – Sóller, Palma – La Puebla.* Linienbusverbindungen gibt es zwischen Palma und den Badeorten der näheren und weiteren Umgebung, wie auch nach *Valldemossa* und *Deya.*

Schiffsverbindungen zum spanischen Festland und zu den anderen Inseln der Balearen. Nach Cabrera 2 Std. 30 Min., nach Ibiza 7 Std., nach Mahón (Menorca) 10 Std.

Carrer de Constitució, 4/2, Telefonamt auch Jaime III, 20.

Ärztezentrum „Salus", in der Klinik „Femenia", Calle Bosque, 20, Tel. 23 10 45; Centro Médico, Paseo Marítimo, 18, Tel. 28 58 58.

Plaza de Toros (Stierkampf), Avda. Arquitecto Bennassar, 32; Canódromo (Hunderennen), Miguel de los Santos Oliver; Fútbol (Fußball), Stadium Balear und Luis Sitjar; Hipódromo Son Pardo (Pferderennen), Carretera de Sóller (km 3), Polideportivo (Sportpalast), Carretera Son Roca.

In den ersten zehn Tagen des Februar Karneval an der Playa de Palma; in der Karwoche große Prozession mit dem Bildnis des „Cristo de la Sangre", an der mehr als 30 Bruderschaften teilnehmen; am 3. Juli Feier zu Ehren des mittelalterlichen Schriftstellers und Philosophen Beato Ramón Llull in der Kirche San Francisco; 31. Dezember: höchster Feiertag auf Mallorca zur Erinnerung an die Eroberung der Stadt durch König Jaime I. Festzug mit den „Es tamborés de La Sala" (Tambourmusik) zur Kathedrale von Palma (feierliche Messe), Krippenausstellung auf der Plaza España.

El Arenal

Ferienorte östlich von Palma

Von Ca'n Pastilla bis El Arenal

Die *Playa de Palma* von *Ca'n Pastilla* bis *El Arenal* gehört zu den bekanntesten Ferienstränden der Welt. Hier – vor den Toren der Inselmetropole und dem Flugplatz nahe – liegt die gewaltigste Baderegion von Mallorca, eine üppige Kette dicht gestaffelter Touristen-Hochburgen aller Klassen. Und immer noch wachsen neue Beton-Skelette in den Himmel. Davor ein vierspuriger Autoboulevard, der Hotels, Shopping- und Unterhaltungsbetrieb vom schier endlosen Sandteppich der *Playa de Palma* trennt. Dieser großzügige 8-Kilometer-Strand hat den Urlaubsplatz zu dem gemacht, was er heute verkörpert: im Sommer ein brodelnder Kessel von Ferienmenschen aus vielen Ländern Europas, im Winter das bevorzugte Ziel geselliger Langzeit-Urlauber, die an sonnigen Tagen ihre Wanderspuren durch den feinen Sand der *Playa de Palma* ziehen.

Der Strand beginnt im palmanahen *Ca'n Pastilla*. Der belebte Ort drängt sich um mehrere kleinere, von Fels unterbrochene Sandbadeplätze. Fülliger wird die Feinsandofferte nach Osten über den gleichfalls als *Playa de Palma* bezeichneten Mittelabschnitt bis nach *El Arenal*. Der Strand ist, trotz des konzentrierten Badebetriebes, sorgfältig gepflegt.

Wer hier Urlaub macht, sucht Entspannung durch Betriebsamkeit. Die Kette der Restaurants, Bars und Touristenshops zieht sich ohne Unterbrechung bis ins ländlich ausufernde *Arenal*. Deutsche Urlauber können sich wie zu Hause fühlen. Da gibt es das Café „Berlin" genauso wie das „Oberbayern", den „Wienerwald", das Restaurant „Sauermann" wie die „deutsche Metzgerei". Und die deutschen Diskotheken heißen „Graf Zeppelin" oder „Bavaria", „Rutschbahn" oder „Klimbim". Am Rande findet sich auch spanisches Kolorit – in diversen Restaurants, in manchen Flamenco-Lokalen oder im immer noch recht urwüchsigen Ortsbild von *Arenal*.

Die Playa zieht sich an der Ostseite der *Bahía de Palma* über 8 km von *Ca'n Pastilla* bis *El Arenal*. Ihre ganze Breite (bis zu 40 m) erreicht sie auf dem Abschnitt *Playa de Palma – El Arenal*. Der Strand, flach abfallend – also kinderfreundlich, ist gepflegt und mit Sonnenschirmen, Liegestühlen, Bars und Snack-Restaurants gut ausgestattet. Eine Strandpromenade mit diversen Parkbuchten begleitet die Playa auf ihrer ganzen Länge.

Die Hotels und viele der Appartementanlagen bieten (im Winter beheizbare) Swimming-Pools, oft auch überdachte Schwimmbäder.

Tretboote

Schulen

Öffentliche und auch diverse Hotelplätze

Rancho Ca'n Verdera, Rancho Colorado, Rancho Bonanza

Fahrrad- und Mofaverleih (Auch überdachte Doppelfahrräder)

Auch über Hotels und Veranstalter

Sehr gute Busverbindungen nach Palma (alle 20 Min.). Taxis, Pferdedroschken, ganzjährig organisierte Inselrundfahrten und Wandcrausflüge.

Kirche des Franziskanerseminars *La Porciúncula* in Arenal. Ein imposantes neues Gotteshaus im architektonischen Stil unserer Zeit. Gottesdienste beider christlicher Konfessionen jeweils sonntags 10 Uhr (im Sommer) bzw. 11 Uhr (im Winter) in der Klosterkirche (katholisch) bzw. in der Kapelle (evangelisch).

Einkaufsmöglichkeiten jeder Art an der Uferstraße, im RIU-Centre, und den Nebenstraßen.

Für Winter-Langzeiturlauber zahlreiche Unterhaltungs- und Hobbyprogramme, auch Sprachkurse in den Club-Treffs der großen Veranstalter. Schach- und Skatturniere, Bunte Abende, Theater- und Tanzveranstaltungen, Bibliothek etc.

Ca'n Pastilla: Cortijo (spanisch, Fischspezialitäten), Celler Rancho (mallorquinisch), Sa Farinera (ehemalige Mühle, rustikal, man grillt selber).
Playa de Palma: Cas Cotxer (spanische und internationale Küche), China, Steakhouse Festival (internationale Küche).
El Arenal: Toscana (internationale Küche), Moli Can Pere (ehemalige Mühle, rustikal, man grillt selber), La Finca (Fleischspezialitäten).

Ca'n Pastilla: Gatsby, Playtime.
Playa de Palma: Zorbas, Carrussel, Malva Loca, Rutschbahn, Klimbim.
El Arenal: Rembrandt, Iron, Chic, Gran Joy, Graf Zeppelin.

Ca'n Pastilla: Los Rombos (Life Musik, Flamenco).
Playa de Palma: Makiavelo (Kapelle).
El Arenal: Es Foguero (Programm).

Ca'n Pastilla (neben der Kirche), *Playa de Palma* und *El Arenal* (Calle Quartel Nr. 41). Die Postämter sind werktags von 9–14 Uhr geöffnet.

Strandbad Illetas

Badeorte westlich von Palma

Cala Mayor/San Agustin

Die Autobahn zwischen *Palma* und *Palma Nova* macht einige Badeorte praktisch zu Vororten der Inselmetropole. Das ist besonders ein Vorteil der Urbanisation an der *Playa de Cala Mayor.* Doch am gepflegten, aber schmalen Sandstreifen wie auch im Ort herrscht drangvolle Enge. Die Haupt- und Durchgangsstraße ist zugleich auch das Haupteinkaufsrevier. Große Hotel-Betonklötze bedrängen die bescheiden dimensionierte Strandzone. In *Cala Mayor* herrscht rege Betriebsamkeit, nicht zuletzt auch durch den Bade-Pendelverkehr aus Palma. Zwar profitieren Restaurants, Cafés und Geschäfte von diesem lebhaften Verkehr, für einen geruhsamen Urlaub ist der Platz jedoch wenig geeignet.

Knapp 200 m lang, etwa 10 m breit, gepflegt und mit Liegen, Schirmen, Duschen, Kabinen etc. ausgestattet.

In diversen Hotels (im Winter beheizt)

A Motorbootfahrten, Linienbus nach Palma (alle 10 Minuten, Fahrzeit ca. 20 Minuten)

In Palma, Calvo Sotelo (Stadtteil Terreno)

Illetas

Reizvoll ist die Hanglage des Ortes über dem Meer. Hotels und Villen drängen sich in pinienbewachsener Hügellandschaft bis ans benachbarte *Ca's Catala.* Der Strand ist hier klein,

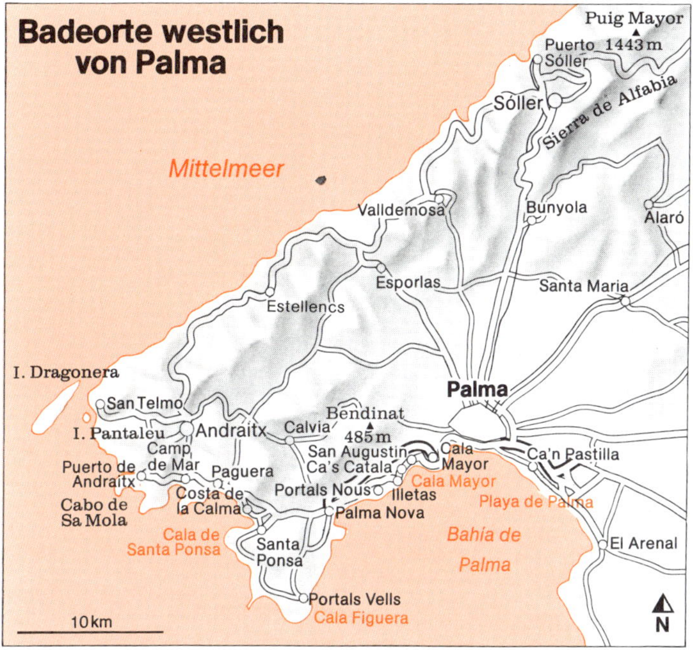

entsprechend stark bevölkert. Sandbuchten sprengen am Rande von *Illetas* da und dort die pittoreske Felsküste. Die große Schleife der Ortsdurchfahrt wird zur aussichtsreichen Panoramastraße. Wohlausgestattet präsentieren sich Hotels, Appartementhäuser und Ferienvillen, dicht aneinandergereiht, mit Blick über die zerklüftete Felsküste. Hier gibt es Ruhe und wenig Rummel. Wer mehr Abwechslung sucht, ist schnell in Palma.

Kleiner, teils betonierter Sandstreifen am Ort, der als Strandbad ausgestattet ist. Mehrere kleine Sandbuchten in der Umgebung.

Tretboote am Strandbad

Schule

In diversen Hotels (im Winter beheizt)

Sportprogramm des Hotels Bonanza Playa

Diverse Hotelplätze

Hotel Bonanza Playa

Hobby- und Spanischkurse im Hotel Bonanza Playa

Pepe's und Bonaire (spanische Küche), ABC (internationale Küche), Alt-Düsseldorf (deutsch).

Golf, Napoleon, La Sirena

Pepe's Bar (Flamenco-Musik), Kalkutta (Programm)

A Linienbus Illetas – Cala Mayor – Palma (alle 10 Minuten)

Felsküste bei Bendinat

Portals Nous/Bendinat

Auch *Portals Nous* liegt an hübschen Buchten. Der Mini-Strand bietet gepflegten, hellen Sand. Fischerboote und der ältere Ortskern sind reizvolle Farbtupfer in dieser inzwischen schon recht entwickelten Ferienkolonie, die sich im Schatten von Pinienhainen am Hang entlang zieht. Hier findet man Ruhe in reizvoller Umgebung, im Abseits und zugleich auch in der Nähe von Palma.
Ruhig und gepflegt erscheint auch die benachbarte Urbanisation *Bendinat,* deren zumeist anspruchsvolle Villen sich terrassenartig bis zur Felsküste hinabziehen. Es gibt betonplanierte Felsstrände und ein Mittelklasse-Hotel mit schöner Aussicht.

Kleiner Sandstrand, kleine Badebuchten in der näheren Umgebung

In diversen Hotels (im Winter beheizt)

Schule

Auch Cafeterias

Apotheke

Grillabende, Tanzveranstaltungen in den Hotels

Castillo de Bendinat, zu Füßen des gleichnamigen Berghügels (485 m). Reizvoll gelegenes Schloß mit Park (18. Jh.). Das *Delphinarium Marineland* an der Straße nach Palma Nova (Zona Residencial Costa d'en Blanes). Linienbus Palma Nova – Palma (alle 15 Minuten).

Palma Nova/Magaluf

Die „doppelte" Badestadt *Palma Nova/Magaluf* liegt an der äußersten Westflanke der geräumigen *Bahía de Palma.* Hier endet auch zur Zeit noch das neue Autobahnteilstück, das die vorgenannten Badeorte südwestlich von Palma schnell und bequem mit der Inselhauptstadt verbindet.

Palma Nova erscheint gegenüber seinem Südnachbarn *Magaluf,* trotz der Massierung von Hotels, Bungalows und Appartementanlagen, noch eher wie eine gepflegte Villenkolonie. Der kleine Fischer- und Yachthafen verströmt sogar etwas altmodische Gemütlichkeit. Im weiten Rund schwingt sich die Bucht vor dem Hintergrund freundlicher Pinienwaldgürtel. Die beiden schmalen Strände am *Paseo del Mar* sind vor allem an den Sommerwochenenden völlig überfordert. Am gepflegten Hauptstrand wie an der Uferstraße findet man Restaurants, Cafés, Einkaufsmöglichkeiten aller Art.

Magaluf entstand als südliche Fortsetzung von *Palma Nova.* Hier realisierten die Tourismus-Strategen wahrhaft wolkenstürmerische Pläne. Wie große Finger ragen die Hochbauten von Hotelkolossen und Appartementwaben in den Urlaubshimmel. Der schöne, helle Sandstrand wird in der Hochsaison zur dicht belegten Badeoase zwischen Meer und Beton. An den breiten Straßensträngen des Ortes gibt es eine bunte Auswahl an Geschäften und Unterhaltungsofferten für jeden Geschmack.

Palma Nova: Am Paseo del Mar zwei teils mit Pinien und Palmen bewachsene Sandstrände. Nördlich, am kleinen Yachthafen, ein bescheidener Badeplatz, in der südlichen Hotelzone ein ca. 200 m langer, gepflegter, hellsandiger und gutausgestatteter Badestrand mit Bar, Grill, Tretbooten etc.
Magaluf: Weitläufiger, ca. 400 m mal ca. 15 m messender hellbrauner Sandstrand, in der Hochsaison sehr überfordert. Das betrifft auch die Strandpflege. Der flach abfallende Strand ist für Kinder geeignet.

In diversen Hotels (im Winter beheizt)

Schule Auch Mofas

Tennisclub nahe Delphinarium

In diversen Hotels und Appartements

Vermittlung auch durch Hotels und Veranstalter

Mesón Son Caliu, Amador, Can Miguel (spanische Küche); Tabu (internationale Küche).

Casino Mallorca, in der eleganten neuen Urbanisation *Cala Xada,* an reizvoller Fels-Steilküste.

Promenade von Palma Nova

Barabas, Borsalino, Kopelius

Postauto (von Montag bis Freitag, 11.30 Uhr bis 12.30 Uhr)

Ärztezentrum Salus, Tel. 68 05 83

Linienbusse Magaluf – Palma Nova – Palma alle 15 Minuten. Busse der Firma Playasol zwischen Palma Nova und Palma alle 30 Minuten.

Portals Vells: Ca. 9 km südlich, vorbei an einem als Bar ausgestatteten ehemaligen Passagierflugzeug, gelangt man über eine schmale Zufahrt durch Pinienwald zu der urwüchsig kleinen Sandbucht *Portals Vells.* Die Zufahrt ist eng. Es empfiehlt sich, auf Schlaglöcher zu achten. Die Militärstraße zum Leuchtturm an der Halbinsel *Cala Figuera* führt zwar an romantischen kleinen Felsbuchten vorbei, endet jedoch an militärischem Sperrgebiet.

Pedalos

Kleines Restaurant, Strandbar

Bei Portals Vells befindet sich der ausgedehnte und schön gelegene 18-Loch-Golfplatz Club Golf de Poniente, der auch Gästen offensteht.

Club Nautico in Santa Ponsa

Santa Ponsa

In *Santa Ponsa,* 5 km westlich von *Magaluf,* hat man dem Tourismus ein breites Eingangsportal gebaut. Ein großer Autoboulevard führt in den Ort und zum weiten Einschnitt der Bucht von *Santa Ponsa.* Hier drängen sich die zahlreichen Gäste einiger Hotel- und Appartement-Giganten, vor allem in der Hochsaison, um eine Liege in der Sonne. Viel Raum gibt die von Pinien umsäumte, reizvolle Bucht nicht her. Der Ort ist beliebt, bietet auf engem Raum Betriebsamkeit, Unterhaltung, eine Vielzahl an Einkaufsmöglichkeiten. Weitere Attraktionen sind ein Yachtclub und der Golfplatz in der nahen Umgebung.

Das alte *Santa Ponsa* hat seinen Platz auch in der Inselgeschichte. Hier landete Jaime I. zur Eroberung Mallorcas im Jahr 1229. Ein Steinkreuz am Rande der Bucht erinnert an dieses historische Ereignis.

Zwischen weiteren Urbanisationen wie *Malgrat* oder *Costa de la Calma* (Club-Hotel mit reichem Sport- und Unterhaltungsangebot) liegt über der steil aufragenden Südflanke der Bucht, in malerischer und panoramareicher Hügellage, von Pinien durchwachsen, die gepflegte Villenkolonie *Costa de la Luz.* Auch hier wird noch heftig erschlossen. Es gibt nur Felsstrand, zum Teil planiert, und einige wenige Hotels und Restaurants.

Etwa 300 m langer, bis zu ca. 60 m breiter feiner Sandstrand, kinderfreundlich sanft abfallend, gepflegt und mit Bar-Café, Kabinen, Duschen, Liegen etc. gut ausgerüstet.

Tretboote In der Bucht

In diversen Hotels (im Winter beheizt)

3 km. Auch Gästen zugänglich.

Diverse Hotelplätze

Für Winter-Langzeiturlauber zahlreiche Unterhaltungs- und Hobbyprogramme, auch Sprachkurse in den Club-Treffs der großen Veranstalter. Schach- und Skatturniere, Bunte Abende, Theater- und Tanzveranstaltungen etc.

Auch über Hotels und Veranstalter

Victoria (preiswerte Küche, in Strandnähe), Xaloc, Las Vegas, Parkclub.

Caramba, Byblos Cala Xada

Ärztezentrum Salus, Tel. 68 05 86

A Per Boot und zu Fuß zur Costa de la Calma, in die Wälder der Umgebung. Linienbus nach Palma (alle 30 Minuten).

Die Bucht von Paguera

Paguera

Zwar muß man von *Palma Nova* nach *Paguera* noch auf die Autobahn verzichten, doch ist die Küstenstraße hier ebenfalls sehr gut ausgebaut. Leider führt diese Hauptstrecke direkt durch *Paguera.* Trotzdem macht der schöne, weite Strand den Ort zu einem ansehnlichen, gepflegten Ferienplatz. Reizvoller Kontrast zum reichlich verwendeten Beton ist das von Olivenhainen und Wäldern überzogene Hügel-Hinterland, Vorläufer der bizarren Gebirgskulisse an der Westküste. An der Durchgangs-, Haupt- und Flanierstraße von Paguera gibt es alles, was ein Urlauberherz begehrt: Geschäfte aller Art, Cafés, Bars und Boutiquen. Ohne Mühe finden sich Restaurants, in denen Bratkartoffeln mit Speck und Zwiebeln oder Gemüseeintopf mit Bockwurst auf der Karte stehen. Daneben eine bunte Auswahl an Diskotheken und Nightclubs für die Überstunden um Mitternacht.

Eine der ansehnlichsten Strandregionen der Südwestküste. Der Hauptstrand mißt etwa 250 m. Rechts vom Hotel Lido Park ebenfalls ein etwas kleinerer, von Pinien gesäumter Sandstrand. Kinderfreundlich, flach abfallend. Weitere bescheidenere, zum Teil betonierte Badeplätze.

In diversen Hotels (im Winter beheizt)

An der Felsküste, Schule

Schule

Tretboote

Diverse Hotelplätze

Auch über Hotels und Veranstalter

Auch Mofas

Casa Rústica und Los Almendros (beide deutsch), Ambassador und La Pampa (international), El Cordobés (mallorquinisch).

Mississippi, Fiesta, Graf Zeppelin und Bavaria Hofbräuhaus (deutsch)

Beverly Nightclub (Programm)

Cala Xada

Ärztezentrum Salus, Tel. 68 62 34

Zur Küste und in die waldreiche Umgebung. Linienbus nach Palma (werktags stündlich, feiertags vorwiegend stündlich).

Bei Camp de Mar

Puerto Andraitx

Cala Fornells

Die hübsche Bucht, ca. 1 km südlich von Paguera, ist zwar dicht besiedelt, doch Hotels, Villen und Appartementhäuser sind im reizvollen neomaurischen Stil gehalten. Am kleinen Sandstrand sind betonierte Badeterrassen.

In den Hotels

Camp de Mar

Die kleine Feriensiedlung knapp 4 Kilometer westlich von *Paguera* ist noch so etwas wie ein Geheimtip für die Freunde urwüchsigen Badelebens. Eine kleine, malerische Sandbucht, daneben einige Betonplateaus, das alles in einem abwechslungsreichen landschaftlichen Umfeld. Hier ist nichts hochgestochen. Auch die wenigen Hotels bewegen sich im Rahmen der Mittelklasse.

Die kleine Bucht bietet gut 100 m Sand-Badestrand und ist etwa 50 m breit, flach abfallend und für Kinder geeignet. Es gibt ein paar Kabinen, Liegestühle, Schirme sowie eine Strandbar.

Tretboote In zwei Hotels

Puerto de Andraitx

Eine muntere Kurvenstrecke führt ins Paradies der Segelfreunde, nach *Puerto de Andraitx.* Den pittoresk zu Füßen des steil aufragenden *Cabo de Sa Mola* gelegenen Naturhafen teilen sich Fischerboote und zünftige Yachten. Eine moderne Marina liegt vor dem Ankerplatz der Fischer, an der gegenüberliegenden Seite der Bucht. Anspruchsvolle Villenkolonien kleben an den Hängen des Hinterlands. Strand-Badeplätze sucht man hier allerdings vergebens. Die Häuser am Hafen verfügen statt dessen über betonierte Bade- und Ankerplätze. Skipper bleiben hier „hart am Wind" und sind unterm Segel tagsüber voll ausgelastet. So vermissen sie kaum die fehlende nächtliche Disco-Geselligkeit.

El Celler, Rocamar (Fisch), El Coche (spanisch), Foc y Fum (international – an der Straße nach Andraitx-Stadt).

A Linienbus nach Palma 3mal täglich

Schule

Badeoase San Telmo

San Telmo

Zum westlichsten Badeort Mallorcas ist die Zufahrt über eine kurvenreiche Hügelstrecke zwar etwas beschwerlich, dafür aber abwechslungsreich. *San Telmo* ist noch eine der ursprünglichen Badeoasen im äußersten Südwesten von Mallorca. Allerdings werden nun auch hier aufwendige Villen und Appartementhäuser gebaut. Der Kern des malerischen Fischerhafens läßt sich jedoch noch gut ausmachen.
Vor der weit ausholenden Bucht mit ein bißchen dunkelsandigem Strand liegen die beiden spröden Felsinsel-Schwestern *Pantaleu* und *Dragonera.* Dazu gibt es diverse kleine Fels-Sandflecken vor dem eindrucksvollen Küstenpanorama. Pinienwald ist anzuzeigen und im Hintergrund trutziges Bergland.

Kleiner Sandstrand, kindergeeignet, Duschen

Punt Blanc, Dragonera, Flexas (alle spanische Küche).

A Zu den vorgelagerten Inseln und ihren interessanten Tauchgründen, in die waldreiche Umgebung und Bergwanderung zum früheren Trappisten-Kloster Sa Trapa (2 Std.). Linienbus nach Palma (über Andraitx, mehrmals täglich).

Puerto de Sóller (1000 E.)

Stadt und Hafen von *Sóller* liegen bereits an der Nordwestflanke der Insel, im zerklüfteten Reich der *Costa Brava,* der „wilden Küste" Mallorcas. Eines hat Puerto Sóller allen anderen Badeplätzen der Insel voraus: Man steht vom nahen Städtchen Sóller mit Palma in direkter Bahnverbindung. Ein liebenswerter Oldtimer der Siemens-Schuckert-Werke bedient die 35-km-Strecke im atemberaubenden Tempo von etwa 50 km/St. in jeweils rund einer Stunde. Eine muntere Reise durch Obst- und Olivenplantagen und durch stolze 14 Tunnel, deren längster die *Sierra de Alfabia* durchstößt. Zum Hafen heißt es dann umsteigen in eine luftig offene Schmalspur-Straßenbimmelbahn.

Puerto de Sóller

Das geräumige, schützende Rund des einstmals bedeutenden Handelshafens bietet auch größeren Schiffen Platz. Und was die lokale Fischereiflotte aus ihren Netzen birgt, wird in den Lokalen am Puerto köstlich frisch serviert. Der Ort streckt sich vor den bizarren Ausläufern der *Sierra de Torellas,* die mit dem *Puig Mayor* (1443 m) auch den höchsten Berg der Insel stellen. Auf der Küstenpromenade herrscht tagsüber reges Gedränge. Der Handels- und Rundfahrt-Hafenbetrieb wie die zahlreichen Ausflugsbusse sorgen für jene lebhafte Stimmung, die von den Gästen und zahlreichen Sightseeing-Besuchern geschätzt wird. Entsprechend ist auch die Anzahl der Boutiquen, Souvenir-Shops, Restaurants und Kneipen aller Art. Abends verläuft sich der Rummel und macht beschaulicher Stille Platz.

Die beiden Strände können jedoch nur bescheideneren Ansprüchen genügen. Reizvoll ist das 5 km entfernte mittelalterliche Städtchen *Sóller* (siehe Seite 64) mit schmalen Gäßchen und einer freundlich zum Aperitif, zum Sehen und Gesehenwerden einladenden Plaza.

Der ansehnlichere der beiden Strände befindet sich am Ortsrand des weiten Hafenbeckens, schmal und nicht sehr gepflegt. Unweit des Hafens der zweite, kiesdurchsetzte Badeplatz, Kabinen, Duschen.

In diversen Hotels (im Winter beheizt)

Für Winter-Langzeiturlauber zahlreiche Unterhaltungs- und Hobbyprogramme, auch Sprachkurse in den Club-Treffs der großen Veranstalter. Schach- und Skatturniere, Bunte Abende, Theater- und Tanzveranstaltungen, Bibliothek etc.

Atalya Club (international, gehobenere Preisklasse). Es Canys (international), Fischlokale am Hafen, französische Küche an der Uferpromenade.

A Bootsrundfahrten an der Costa Brava, Ausflüge in die Sierra, Bahnfahrt nach Palma.

Bei Puerto de Pollensa

Die Nordküste

Puerto de Pollensa (300 E.)

Die weitgeschwungene Bucht von *Pollensa* ist das Ziel all jener Inselbesucher, die sich von der außergewöhnlichen Schönheit der Nordküste Mallorcas auf ausgedehnten Streifzügen ein gründliches Bild machen möchten.

Puerto de Pollensa ist ein immer noch recht urwüchsiger Fischerhafen vor der 6 km entfernten Landgemeinde Pollensa (siehe Seite 72). Die Hotels und Urbanisationen, meist mittleren Zuschnitts, an den Rändern des Hafens sind die bis jetzt noch gedämpften Signale des auch hier auflebenden Badetourismus. Das Leben konzentriert sich um die Hafenmole. Hier finden sich freundliche Restaurants und Straßencafés, mischen sich Fischer und Fremde zu zwangloser Geselligkeit.

Der Hauptstrand, flach abfallend, ist hellsandig und von Pinien geschmückt. Auch Fischerboote finden hier ihren Platz. Der Sandstreifen zieht sich kilometerweit entlang der Straße nach *Alcudia,* wird aber bald unansehnlich. Nördlich des Hafens ein zweiter schmaler Sandstrand.

Cala Pi: Hellsandiger Pinien-Strandstreifen (ca. 250 m) vor dem Luxushotel Formentor und an der Boots-Anlegestelle für Kaffeerundfahrten zum bekanntesten Hotel der Insel. Hotelstrand, zum Teil für Gäste vorbehalten. Der öffentliche Strand ist nicht sehr gepflegt.

In diversen Hotels

Schule

Verleih

Cala de San Vicente

Etwa 6 km nördlich des Landstädtchens *Pollensa* versteckt sich die urwüchsig-idyllische Urbanisation *Cala de San Vicente.* An dem kleinen, hellsandigen Hauptstrand haben sich ein paar vorwiegend mittlere Hotels, Fe-

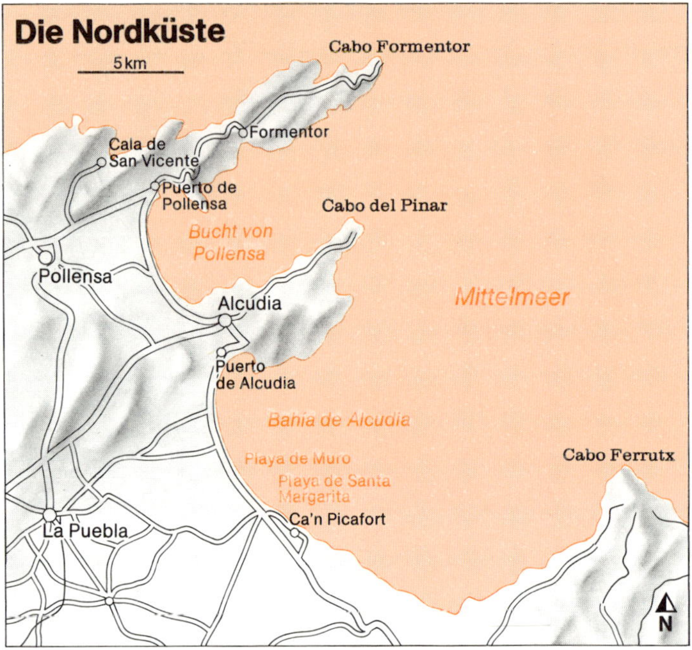

Puerto de Pollensa: Hotel Puerto

rienvillen und Restaurants etabliert. Drei weitere kleine Badebuchten ergänzen das Bild. Man hat einen eindrucksvollen Blick auf das *Cabo Formentor* (siehe Seite 73). An den Klippen haben vor allem auch Taucher ihr Revier. Karstiger Fels als Hinterland, Pinien, Olivenhaine und viel Ruhe: Das alles hat noch Individualität. Wer hier einen Urlaub lang untertaucht, tauscht moderne Ferienbetriebsamkeit gegen ein Stück reizvoll abseitiges Inselleben.

Vier kleine, hellsandige Badebuchten, einfach ausgestattet.

Diverse Hotelplätze

In diversen Hotels

Puerto de Alcudia

Puerto de Alcudia (500 E.)

Das einst wehrhafte Städtchen *Alcudia* (siehe Seite 74) liegt anderthalb Kilometer von seinem Hafen entfernt. Der *Puerto de Alcudia* schmiegt sich in den weiten Halbmond der gleichnamigen Bahía. Die Nordwestflanke der Bucht wird von einer bizarren, ins *Cabo del Pinar* auslaufenden Halbinsel gebildet, der Ostausläufer führt zum *Cabo Ferrutx*. Das Kapital von Puerto de Alcudia ist der schöne großräumige, piniengeschmückte Sandstrand. Die Architektur der gleichförmigen Ferienkolonie entspricht leider dem Charakter der recht eintönigen Küstenlandschaft. Hinter der aufgetürmten Urlaubsfassade hat man den Eindruck, als sei den eilfertigen Bauherren plötzlich das Geld ausgegangen. Da präsentieren sich holprige Stolperstraßen in einer trübe ausufernden Baustellenszenerie. Beliebter Treffpunkt ist die kleine Uferpromenade, mit diversen Cafés für den Nachmittagsplausch. Wer Sonne und Sand im familienfreundlichen Puerto de Alcudia genießen will, bekommt ein gutes Angebot an Wassersport preiswert dazu.

Geräumiger und gepflegter hellsandiger Strand, mit Kabinen, Duschen, Liegen, Schirmen etc. gut ausgestattet und kinderfreundlich flach abfallend.
In Richtung *Ca'n Picafort,* vor diversen Urbanisationen, ein ca. 11 km langer Strandgürtel, hellsandig, zum Teil in Dünen auslaufend.

In diversen Hotels

Schule, auch am Yachthafen von Bon Aire (ca. 5 km nördlich an der Bucht von Pollensa).

Tretboote

Diverse Hotelplätze (auch Unterricht)

Schule

Auch über Hotels und Veranstalter

Kinderclub (Kindergarten mit Betreuung)

Los Troncos (international, gehobene Kategorie), Los Patos und Celler Sa Porta (spanisch, rustikal, Fisch), Bei Freddy (Fisch)

Maniqui, Stamps, Puppy Love, Bells.

Schiffsverbindung nach Menorca, Bootsausflüge nach Puerto de Pollensa und zum Cabo Formentor etc. Linienbusverbindung nach Alcudia, Pollensa, Ca'n Picafort (stündlich) sowie nach Palma (mehrmals täglich).

Alcudia-Stadt (werktags 9–13 Uhr)

Ärztezentrum Salus, Tel. 545524 und 546311

Ca'n Picafort (800 E.)

Der weite Strand des alten Fischerhafens hat das Dorf zur Touristen-Stadt gemacht. Über etwa 11 km erstreckt sich der Sandstrand bis nach *Puerto de Alcudia.* Hier gibt es also wahrhaftig Sand, wie „Sand am Meer". Leider haben sich auch hier die Planer und Boom-Spekulanten gründlich ausgetobt. Schon am piniengeschmückten Ortseingang ist Ca'n Picafort parzelliert. Zur rechten Hand dann der alte Hafen, ein rührendes Bild neben der geballten Ladung Beton, die den Strand über Kilometer unerbittlich begleitet. Stichstraßen führen zur Seepromenade, dazwischen Touristenburgen, dahinter das dichte Koordinatensystem von Lokalen, Läden, Flipper- und Amüsieretablissements aller Art. Man bemüht sich zwar, den Betonanlagen einen freundlichen und gepflegten Rahmen zu geben, doch unentwegt wird Neues gebaut.

Am nördlichen Ortsrand liegt der einzige offizielle Campingplatz der Insel.

Hauptstrand *Playa de Santa Margarita,* kinderfreundlich flach abfallend, gut ausgestattet, nach Westen in Dünen auslaufend, aber nicht immer gepflegt. Im Osten, von Fels unterbrochen, ein zweiter, mittelgroßer Sandstrand, *Son Baulo,* vor einem Pinienhain, gepflegt und hübsch gelegen, mit Bar, Liegen, Sonnenschutz.

In der westlichen Nachbarschaft die *Playa de Muro,* eine schlichte, ganz hübsch gelegene Ferienhaussiedlung mit urwüchsigem Dünenstrand.

In diversen Hotels (im Winter beheizt)

Tretboote

Schule

Diverse Hotelplätze und Club Rojo Vivo

Für Winter-Langzeiturlauber zahlreiche Unterhaltungs- und Hobbyprogramme, auch Sprachkurse in den Club-Treffs der großen Veranstalter. Schach- und Skatturniere, Bunte Abende, Theater- und Tanzveranstaltungen, Bibliothek etc.

Auch über Hotels und Veranstalter

Auch Mofas, Eselskutschen

El Moli (Grillspezialitäten), Bonamar (spanisch), Mandilego (international), Alt-Frankfurt (deutsch).

Tramps, Monaca, Clumba Mar, Navaria, Skau, Tenne, Charly.

Rojo Vivo

Linienbusverbindung nach Alcudia, Pollensa (stündlich) und nach Palma (mehrmals täglich).

Postauto werktags vor dem Hotel Galatxia (13 und 16 Uhr)

Ärztezentrum Salus, Tel. 545208

Cala Pi

Die südliche Küste

Cala Blava/Cala Pi/La Rápita

Wer dem hochsommerlichen Getümmel am Strand von Arenal (siehe Seite 32) für den einen oder anderen Badetag entgehen möchte, kann sich zu einigen kleineren Fels- und Sandstränden im Süden auf den Weg machen, die man über zum Teil noch im Ausbau befindliche Küstensträßchen ganz gut erreichen kann.

Nach ca. 3 km gelangt man zur gepflegten Villenkolonie *Cala Blava*

mit recht gut zugänglicher Felsszenerie. Auch die nachfolgenden neuen oder neu entstehenden Urbanisationsgebiete auf dem Weg zur *Cala Pi,* mit zum Teil gehobeneren Hotels, sind architektonisch anspruchsvoller konzipiert. Hier ist die Steilküste auch als Badeplatz relativ gut zugänglich. Über einen kleinen Umweg durch flaches Binnenland und Macchia erreicht man schließlich die an der schönen Steilküste heranwachsende Urlaubskolonie *Cala Pi* (ca. 30 km von Arenal). Mit der einstigen Seeräuberzuflucht hat man noch einiges vor, wie die in weiter Waldlandschaft ausgewiesenen Grundstücksparzellen anzeigen. Eine ebenso malerische wie ruhige Ferienresidenz, ohne Sandstrand, doch für Unterwassersportler gut geeignet. Neben dem Restaurant sind weitere touristische Einrichtungen im Entstehen.

Wieder führt die Strecke über etwa 12 km ins Hinterland und über den urigen kleinen Fischerhafen *S'Estanyol,* mit einfacheren Ferienhäusern, ins benachbarte *La Rápita,* einer rustikalen Ferienurbanisation vor flacher Felsküste. Dort gibt es einen Club Náutico am kleinen Yachthafen.

Am südöstlichen Ortsrand kommt dann die eigentliche Überraschung: ein einladender, hellsandiger 2,5 km-Dünen-Strand, flach abfallend und sehr schön gelegen. Er reicht bis zur einfachen Nachbarurbanisation *Ses Covetes.*

Colonia de Sont Jordi (400 E.)

Eine aufstrebende Urlaubskolonie entwickelt sich südlich von *Campos del Puerto* ca. 12 km von der Hauptstraße Palma – Santanyi entfernt. Sie liegt neben dem Mini-Fischerhafen *Puerto de Campos,* an einer weit geschwungenen Sandbucht, von Pinien begleitet und unter dem natürlichen Schutz einiger Felsformationen. Mehrere recht ausladend dimensionierte Mittelklasse-Hotels und diverse Pensionen über der flachen Felsküste bilden zusammen das gute Dutzend Touristenherbergen, um die sich Ferienhäuser und Appartementanlagen in wachsender Zahl gruppieren. Der ländlich-familiäre Ferienort bietet Wassersportlern vielfältige Möglichkeiten. Salinen und landwirtschaftliche Anbaugebiete finden sich im weithin flachen Hinterland.

Gepflegter Hauptstrand in der geräumigen Bucht. Eine Mole trennt ihn von weiterem, felsdurchwachsenen Sandstrand. Etwa 2,5 km urwüchsiger Dünen-Sandstrand westlich bei *Ses Covetes.*

In diversen Hotels (auch Meerwasserbecken)

Kinderspielplätze in diversen Hotels

Im Wassersportzentrum am Hauptstrand

Tretboote

Diverse Hotelplätze

Rancho Andrés

Auch über Hotels und Veranstalter

Auch überdachte Doppelfahrräder

Solymar, Casa Pepe und Antonia (spanisch, Fisch, Paella), Los Pinos (internationale Küche).

Los Pinos, Sant Jordi

Ärztezentrum Salus, Tel. 65 51 95 und 64 90 02

Ausflüge nach Palma, nach Santanyi, mit seinen Stränden. Linienbus Ses Salines – Palma (ca. 3mal täglich).

Cala Mondragó

Die Ostküste

Cala Figuera/Cala Santanyi

Von Palma aus endet die Hauptstraße C717 nach rund 50 km im Landstädtchen *Santanyi.* Wer sich in seinen Winkelgäßchen zurechtfindet, wird von hier aus, auf breiter Zufahrtstraße, zwei reizvolle Plätze an der südlichen Ostküste entdecken: *Cala Figuera,* ein malerischer kleiner Fischerhafen, versteckt sich an der Südostküste, in einer tief eingeschnittenen, fjordähnlichen Bucht. Dort gibt es ein paar natürliche Höhlen und recht bullige Felsen, die dcn Hafen zum Meer hin schützen. Uferpromenade ist ein reizvoller Schnappschuß für die Kamera. Eine Handvoll Bars, Restaurants findet man hier. Man stellt auch schon mal ein paar Stühle vor die Türe. Angesichts der steilen Felsen muß man vor dem Sprung ins Wasser einige Kletterkünste zeigen. Die Fischer sind noch immer mit ihren einfachen Katen zufrieden. Die neuen Ansiedler haben dagegen schon ein wenig aufwendiger gebaut.

Cala Santanyi

In zwei Hotels — Hotelplatz

Schule

Cala Marina und Don Miguel (spanisch), Pizzeria.

Mobar, La Trompa, „J", El Castillo.

A Linienbus nach Palma (in der Hauptsaison ab Cala Figuera, in der Nebensaison ab Cala Santanyi – 3mal täglich).

Die pittoreske *Cala Santanyi* hat zwar keine Fischerboote zu bieten, doch einen schönen Sandstrand an einer tief eingeschnittenen, fjordähnlichen Bucht vor Steilklippen und Kiefernwald: Hier wird Ruhe noch groß geschrieben. Die fünf Mittelklasse-Hotels an der Playa und auf dem Fels haben die Idylle bis jetzt nicht nachhaltig gestört. Eine ausgedehntere Villenkolonie liegt allerdings auf der gegenüberliegenden Anhöhe, mit der Bucht durch einen steilen Aufstieg verbunden.

Ca. 150 mal 100 Meter gepflegter, flachabfallender Sandstrand, mit Liegen, Schirmen etc. ausgestattet.

Porto Petro

Tretboote

A Bus Santanyi – Palma (mehrmals täglich).

Porto Petro/Cala Mondragó

In der weiten Hafenbucht von *Porto Petro* dümpeln Fischerkähne und Freizeitboote einträchtig nebeneinander. Hier treffen sich Skipper und Freunde köstlicher Fischspezialitäten. Die Restaurants am Hafen sind einfach, aber das tut ihrer Küche keinen Abbruch. Bademöglichkeit in den Buchten der Umgebung.

Porto Petro ist auch das Eingangstor zur *Cala Mondragó*. Die schmale Zufahrtstraße ist besucherfreundlich geteert. Eine Rumpelstrecke führt zwar auch von Santanyi durch liebliches Wald- und Heideland, endet aber unvermittelt mit dem Blick über die Bucht. Man muß dann den Rest des Weges etwas beschwerlich zu Fuß hinabsteigen (ca. 10 Minuten).

Die *Cala Mondragó* ist ein reizvoll gelegener Badeplatz, abseits jeder Betriebsamkeit. Zwei ansehnliche, hellsandige Strände liegen sich an den Flanken eines geräumigen Meeres-

Cala d'Or

einschnitts gegenüber. Sie sind durch einen in den Fels betonierten Trampelpfad miteinander verbunden. Hier gibt es noch naturbelassenen Busch und Wald. Mit zwei einfacheren Hotels, einigen Villen und diversen Appartamentos hat man die Landschaft noch nicht zugestellt. Das macht diesen urwüchsigen Ferien-Ankerplatz zu einem Ziel für besinnliche Urlaubseinzelgänger.

Zwei hellsandige Buchten, bis zu etwa 80 m breit. Die hintere Bucht ist vor der Strömung besser geschützt und deshalb stärker besucht. Liegen und Schirme muß man selber mitbringen.

Einfaches Restaurant am Strand, Kiosk

Cala d'Or/Cala Serena/Marina de Cala d'Or

Cala d'Or

5 km nördlich von *Porto Petro* hat man dem Tourismus eine großartige Küstenlandschaft erschlossen. Das Besondere daran: Man hat es mit Blick auf die Landschaft getan. Zwar drängeln sich auch hier zahlreiche Hotels, Pensionen, Ferienvillen um ein möglichst großes Badepublikum. Doch zeigt die Architektur, oft im neomaurischen Stil, mehr Individualität und Geschmack als an anderen Badeorten vergleichbarer Größe. Die Urbanisation läßt ihren Gästen viel Platz im Schatten eines (trotz Baustellen) noch immer recht ansehnlichen Pinien-Bestandes. Strahlend weiß präsentieren sich anspruchsvollere Herbergen und Häuser am Felsgürtel zum Meer. Auch Einkaufs- und Unterhaltungsangebote bewegen sich in diesem vorgegebenen Rahmen.

Fjordartige Buchten dienen auch hier als Badeplätze. Die Sandstrände sind allerdings etwas knapp bemessen. Dafür sind die kleinen Sandbuchten aber durchweg idyllische Badeplätze. Da und dort gibt es Badeplateaus aus Beton, mitten im reizvollen Klippenküsten-Panorama.

Cala Gran, Playa d'Or im Ort, *Cala Esmeralda,* 1000 m weiter weg gelegen. Sehr gepflegte, geschützte, hellsandige Strände, flach abfallend, mit Kabinen, Liegen, Schirmen etc. gut ausgestattet. Südlich von Cala d'Or, an der neuen Villenkolonie *Cala Egos,* eine reizvolle, winzige Sand-Felsbucht. Nördlich anschließend die malerisch geschwungene Fels-

Cala d'Or

Robinson Club in Cala Serena

bucht *Cala Ferrera,* mit Hotel- und Bungalowanlagen.

In diversen Hotels, teils auch Meerwasser- und Kinderbecken

Schule unter deutscher Leitung

Tretboote

Öffentliche und Hotelplätze

Club Hípico

Auch über Hotels und Veranstalter

Can Trompé, La Cala, Sa Torre (spanisch), Sa Tanca (Grillspezialitäten), Ibiza (französisch), Yate d'Or (Fisch).

Whisky Club, Farah's Venus, Don Andrés

Caballo del Mar (Flamenco-Musik)

Postauto vor dem Hotel Tucan, werktags von 9–14 Uhr

Ärztezentrum Salus, Tel. 65 31 21 und 65 32 25

Linienbus Cala d'Or – Palma (mehrmals täglich)

Cala Serena

An der malerischen kleinen Sandbucht, ca. 2 km nördlich der *Cala d'Or,* hat sich einer der Robinson Clubs etabliert. Die Anlage zwischen Bougainvillen und Hibiskus macht sportlich-geselligen Urlaubsmenschen ein gutes Angebot.

Kleiner, geschützter, flach abfallender Sandstrand

Großes Schwimmbad mit Sonnenterrasse, Kinderbecken

Kinderclub

Gerätetauchen

9 Hartplätze, 3 Übungsbahnen, eine Halle

Gymnastik, Yoga

Batiken, Töpfern, Stoffdrucken etc.

Boutique

Täglich Tanz, Happenings, Folklore-Shows etc.

Marina de Cala d'Or

An der großzügigen Marina der Cala d'Or liegen einfache wie aufwendige Yachten einträchtig vor Anker. Auch die Boote deutscher Skipper dümpeln hier in internationaler Gesellschaft. Wie es sich für eine zünftige Marina gehört, orientiert sich das Drumherum an den Ansprüchen der hier von Bord gehenden Freizeitkapitäne. Es gibt Restaurants der Spezialitätenklasse, gute Einkaufsmöglichkeiten, Bars, Flamenco-Shows sowie Tennis- und Reitclub. Ein Gürtel von Appartements grenzt den Hafen ab, setzt sich als ansehnliche Villenkolonie an der Felsküste fort.

Porto Colóm (400 E.)

Das geräumige Hafenbecken bietet großen Schiffen zwar keinen ausreichenden Tiefgang, dafür haben die Fischer hier ihr ungestörtes Revier und die Bootsgarage direkt am Haus. Das urwüchsig-sympathische Fischerdorf ist durch eine schlichte Touristensiedlung bereichert worden. In den einfachen Lokalen kommt Fisch fangfrisch auf den Tisch. Baden ist hier jedoch weniger zu empfehlen. Man kann auf benachbarte Buchten wie den Felsstrand *Cala Marsal* ausweichen.

Club

Tretboote

Celler Sa Sinia, Mar blau (spanisch)

Molino Blanco

Postauto (werktags um 12 Uhr)

Dr. Obrador Vidal, Cala d'Or, Tel. 65 74 41

A Busverbindung über Felanitx – Monacor nach Palma (mehrmals täglich).

Porto Colóm

Calas de Mallorca/ Cala Domingos/Cala Murada

Calas de Mallorca

Auf einem weiten, recht abseitigen, spröden Felsplateau entstand die Feriensiedlung *Calas de Mallorca.* Sie liegt im Einzugsbereich kleinerer, recht reizvoller Sandstrände. Hotels, Appartementanlagen, ein Holiday-Club präsentieren monotone Betonfassaden. Zu Füßen der Siedlung die kleine Hellsand-Kiesbucht *Cala Antena.* Die steil abfallende Felsküste mit tief eingeschnittenen, vom Land aus überwiegend kaum zugänglichen Buchten gibt der uniformen Felienszene immerhin einen bizarren Rahmen.

Cala Antena, ca. 100 m lang, Sand-Kies mit Strandbar, Liegen, Schirmen.

In diversen Hotels, auch Kinderbecken

Club Tretboote

Auch über Hotels und Veranstalter

Cala Domingo

Einkaufszentrum

La Carreta (spanisch)

In den Hotels Samoa und Solymar

Postauto um 13.30 Uhr gegenüber Hotel Balmoral.

Ärztezentrum Salus, Tel. 57 00 37

A Linienbus nach Porto Cristo und nach Palma (mehrmals täglich).

Cala Domingo

Von *Calas de Mallorca* erreicht man die sehr gepflegte *Cala Domingo* leider etwas umständlich zu Fuß über 2 km. Mit dem Wagen sind es etwa 10 km Rundfahrt durchs Hinterland (Busverbindung).

Die von Felsklippen, eleganten Villen und Chalets umrahmte Hell-Sandbucht fällt sanft und kinderfreundlich zum Meer ab. Es gibt Liegen und Sonnenschirme, eine Bar, ein Strandrestaurant.

Cala Murada

Die urwüchsig-schlichte Urbanisation liegt in einem Pinienwald, weitläufig versteckt. Kleine Felseinschnitte, Tang und kaum Sand charakterisieren den kleinen Strand, an dem es keine Badeausstattung gibt, aber einen Kiosk.

Hotelplatz am einzigen Mittelklasse-Hotel und öffentliche Plätze

Sol y Vida (mallorquinische/internationale Küche); Selbstbedienungsladen.

Porto Cristo/Porto Cristo Novo/Cala Estany

Porto Cristo ist ein lebhafter Fischerhafen, im Zentrum der Ostküste, der vor allem wegen seiner Ausflugsziele in der Umgebung (Höhlen von *Drach* und *Hams,* Drive-in-Tierpark *Reserva Africana* [siehe Seite 79]) im Sightseeing-Betrieb einen großen Stellenwert besitzt. Auf dieses Publikum warten die Restaurants diverser Kategorien an der Hafenpromenade, wie auch einige Hotels aus der touristischen Gründerzeit. Selbst einfache Fischerkneipen offerieren hier frische Meeresfrüchte zu komfortablen Preisen.

Am Fischer- und Yachthafen ein schmaler, hellsandiger, gepflegter Sandstreifen.

In drei Hotels

Porto Cristo Novo heißt die neue Ferienzone des Hafenstädtchens. Man nennt sie stolz: „International Residential Centre". Vor allem deutsche Bauträger entwickeln hier Bungalowsiedlungen im neu-maurischen Stil, mit kleinen Palmen-Oasen. Auf weiten Parzellen gibt es noch viel Land zu bebauen. Zwei schöne Sandbuchten, gepflegt, flach abfallend und im schützenden Windschatten, geben dem auf touristischen Aufwind angelegten Projekt auch eine Prise Romantik.

Porto Cristo Novo

Cala Estany

Cala Estany ist eine noch reizvoll abseits gelegene Sandbucht samt Ferienkolonie, ca. 8 km südlich von Porto Cristo. Im Hintergrund eine freundliche Hotel-Bungalowanlage und die locker bebaute Villen-Urbanisation im neomaurischen Stil.

Geräumige, windgeschützte, flach abfallende Hell-Sandbucht. Liegen, Schirme, kleine Strandbar.

Schule

A Bus Porto Cristo – Palma (mehrmals täglich).

Sandbucht S'Illot

S'Illot

Eine schöne, weitgezogene Sandbucht schmückt die ländlich-ruhige Urbanisation *S'Illot.* Der Ferienplatz ist vor allem für Familien mit Kindern gut geeignet. An organisierter Unterhaltung wird kaum etwas geboten. Dafür gehören Strandwanderungen und Ausflüge an die abwechslungsreiche Küste um *Porto Cristo* zu den entspannenden Urlaubsbeschäftigungen.

Die beiden ausgreifenden Fein-Sandstrände *Playa S'Illot* und *Cala Moreya* sind ein rechtes Kinderparadies. Es gibt Liegen und Schirme.

In diversen Hotels, teils auch Kinderbecken

Tretboote

Auch über Hotels und Veranstalter

Spanisch, Fischspezialitäten

Las Cuevas

A Höhlen von Drach und Hams, Safari Park Reserva Africana. Linienbus Porto Cristo – Palma (mehrmals täglich).

Cala Millor/Cala Bona (Costa de los Pinos)

„Deutsches Eck", „Ingrid's Pinte" oder der „Imbiß Frankfurt" grüßen an dem schönen, hellbraunen Sandstrand von *Cala Millor.* Es gibt ausreichend Platz an der weitgeöffneten *Bahía de Artá* und mehr als genug himmelstrebenden Beton. Viel Phantasie hat man hier allerdings nicht verbaut. Und neue Waben wachsen aus dem Boden. Doch gibt es eine freundliche Strandpromenade, grüne Rasenflächen und Pinienhaine zum flachen Hinterland. An den breiten Straßenzügen drängen sich Läden und Lokale aller Art, Boutiquen und Bodegas, Bars und Bierkeller. Gesellige, vor allem Nachteulen, finden hier ein großzügiges Angebot. Und wer sportliche Ambitionen hat, kann sich gleichfalls vielfältig beschäftigen.

Der offene Eineinhalb-Kilometer-Feinsandstrand fällt flach und kinderfreundlich ab. Allerdings bietet er dem Meer auch seine volle Breitseite. Er ist gelegentlich von kleineren Felsabschnitten durchsetzt und mit etwas Tang belegt. Es gibt die übliche Strandausrüstung.

In diversen Hotels (im Winter beheizt), teils Kinderbecken.

Kinderbetreuung, Kinderfeste

Unterricht

Tretboote

Tennis-Center (Spezialkurse), Flutlicht-Sandplätze; Squash-Spezialkurse.

9-Loch-Platz an der Costa de los Pinos

Auch Doppelfahrräder, Eselkutschen

Für Winter-Langzeiturlauber zahlreiche Unterhaltungs- und Hobbyprogramme, auch Sprachkurse in den Club-Treffs der großen Veranstalter.

Cala Millor

Schach- und Skatturniere, Bunte Abende, Theater- und Tanzveranstaltungen etc.

Auch über Hotels und Veranstalter

Cala Millor und *Cala Bona:* Ses Palmeras (international, Paella, Langusten), Oasis (mallorquinisch und international), China-Restaurant, Port Verd (international), Sol Naixent (mallorquinisch), Los Pajaros (Fischspezialitäten), Ingrid's Pinte (deutsch).

Cala Millor und *Cala Bona:* Caracola, Magic, Cosmos, Paradise, Odessey (Diskotheken sind hier meist nur Sa. und So. geöffnet).

Club Mallorquin

Freilichtkino (deutsche Filme)

In Son Severa
(ca. 3,5 km – werktags 9–13 Uhr)

Centro Medico,
Tel. 58 57 62

A Bus nach Palma (3mal täglich)

Cala Bona

Fast bescheiden versteckt sich die nahtlos anschließende *Cala Bona* hinter der betonstrotzenden großen Schwester *Cala Millor.* Zudem muß man mit den sorgfältig aufgeschütteten Mini-Sandstränden, die man der flachen Felsküste abgetrotzt hat, haushälterisch umgehen. Das sympathische Straßen- und Stranddorf besitzt einen kleinen Fischer- und Bootshafen, in dem auch schon mal ein Ausflugsboot vor Anker geht. Hier hat sich noch etwas urwüchsig-gemütliche mallorquinische Atmosphäre erhalten.

Kleiner, aufgeschütteter Sandstrand

In diversen Hotels

Siehe Cala Millor

Cala Bona

Costa de los Pinos

Ca. 7 km nördlich der *Cala Bona.* Etwa auf halbem Weg der kleine, einfache Sandstrand *Playa d'es Rivell.*

Port Vels (mallorquinische Küche).

Die *Costa de los Pinos,* vor pittoresker Steilküste, ist eine ansehnliche Urbanisation (Eurotel), im Schatten des dichten, namenspendenden Pinienwaldes. Wer hier Urlaub macht, hat das gepflegte Grün des 9-Loch-Golfplatzes *Punta Rotja* direkt vor der Tür.

Playa de Canyamel

Die im pittoresken Abseits gelegene *Playa de Canyamel* befindet sich im touristischen Aufbruch. Baugerippe und Kräne stören das ruhige Bild des Ortes. Der kleine Sandstrand wird von Pinien umfaßt. Die angrenzende Steilküste ist mit der teils recht aufwendigen Urbanisation *Costa de Canyamel* besetzt.

Kleiner, idyllischer, felsdurchwachsener Sandstrand, in Felsen übergehend, einfache Badekabinen, Liegen, Schirme, Bar.

In diversen Hotels, Planschbecken

Kinderspielplatz

Schule

6 Plätze mit Flutlicht. Unterricht: Hotel Playa Canyamel; Squash

Bonanza, Can Maria (spanisch, international)

Hotel Caballito Blanco

Bus nach Cala Ratjada mit Anschluß nach Palma (2mal täglich)

Hafen Cala Ratjada

Cala Ratjada (1100 E.)

Der beliebte Ferienort an dem freundlichen Fischerhafen hat auch einiges an reizvollem Lokalkolorit zu bieten. Er konnte trotz der allsommerlichen Touristeninvasion bis heute seine ursprüngliche Atmosphäre bewahren. Da ist ein alter Ortskern, den die zumeist deutschen Gäste der betriebsam-ausufernden Ferienurbanisation vor allem abends gerne besuchen. Wer mehr will, klettert zu Fuß oder per Auto 1,5 km in die aufstrebende Klippenlandschaft um den Leuchtturm am panoramareichen *Cabo Capdepera,* besucht das mittelalterliche Städtchen *Capdepera,* genießt dort den Rundblick vom maurischen Kastell.

Die weite Dünen-Sandbucht *Cala Guyá* gehört zu den schönsten Badestränden Mallorcas. Sie schmiegt sich in den äußersten Nordostzipfel der Insel. Man erreicht sie bequem etwa 1000 m nördlich des Hafens über eine mit Restaurants und Urlauberbedarf aller Art vollgestopfte Touristenpromenade. Ein zweiter, kleinerer Strand, die *Playa de Son Moll,* streckt sich am Südrand des Ortes zur gleichnamigen Urbanisation.

Die meisten Urlauber lieben den Betrieb in der ausgedehnten Fremden-

Bucht Cala Ratjada

Ausflugsboot in Cala Ratjada

stadt hinter dem Hafen. Wer das nicht mag, dem bleiben ein reizvolles, pinienbewaldetes Landschaftsumfeld und verschwiegene Küstenbadeplätze, wie das einstige Freibeuter- und Schmugglerversteck *Cala Mezquida* (6 km nördlich Capdepera), Fels- und Sandbuchten wie *Font de Sa Cala* oder *Cala Gat.*

Cala Guyá: Langgestreckte Bucht, pinienbewachsener Dünen-Sandstrand, von Felsen eingerahmt. Der feine, hellsandige, sanft abfallende Strand dehnt sich über etwa 400 m und ist ca. 40 m breit. Der pittoreske Badeplatz wird sehr stark besucht. Liegen, Schirme, Restaurants, Snackbars etc.

Playa de Son Moll: Kleiner, einfacher Sandstrand (ca. 120 mal 30 m) an Felseinbuchtung, schnell überlaufen.

In diversen Hotels (im Winter beheizt), teils auch Kinderbecken

Unterricht Kurse

Sea-Club

Tretboote

Auch Rennboot-Verleih

Hochseefischen

Tennis-Zentrum. 6 Plätze, teils Flutlicht

9-Loch-Platz an der Costa de los Pinos

Auch Mofas

Für Winter-Langzeiturlauber zahlreiche Unterhaltungs- und Hobbyprogramme, auch Sprachkurse in den Club-Treffs der großen Veranstalter. Schach- und Skatturniere, Bunte Abende, Theater- und Tanzveranstaltungen, Bibliothek etc.

Auch über Hotels und Veranstalter

Zwei Kinos

Aquarium (Fisch), Mallorqui (mallorquinisch), Casa Lorenzo (Grillspezialitäten), Bavaria (deutsch), Chinarestaurant.

Dortmund, Serpens, Kaffee Keese, Piscis, Ding Dong

Bolero (Programm), Sir Oliver

Capdepera, Calle Jaime Cursach (werktags 9–14 Uhr). Telefonamt beim Taxistand am Hafen.

Ärztezentrum Salus, Tel. 56 33 97 und 56 38 76

Linienbus Cala Ratjada – Palma (werktags 3mal, feiertags 2mal).

Mit dem Wagen über die Insel

Neugierigen Inselrundfahrern bietet Mallorca ein überwiegend gut ausgebautes Straßennetz. Das gilt auch für die wichtigsten Nebenstrecken. Doch geht es auf kurvigen Pässen an der Küste und im Inneren des Eilandes immer mal wieder recht eng zu. Kleine urwüchsige Dörfer mit schmalen Winkelgäßchen sind zu passieren. Und der Fahrstil der Mallorquiner, wie mancher Inselgäste, erscheint gelegentlich recht unkonventionell.
Alles das sollte man bedenken, wenn man seine Rundfahrtpläne schmiedet. Jede Art von Kilometerfresserei wäre auf Mallorca fehl am Platze. Wer sich am Lenkrad zuviel zumutet, hat nichts von dieser gerade an abgelegenen Plätzen besonders schönen Insel. Das kontrastreiche Landschaftsangebot genießt man besser entspannt.
Für Wanderungen in den Küstenregionen und im Landesinneren könnte unterwegs ebenfalls ein wenig Zeit bleiben. Wer größere Bergpartien unternehmen möchte, sollte sich vor Antritt der Tour jedenfalls im Hotel, im lokalen Fremdenverkehrsbüro, am besten aber vor Ort über die aktuellen Wegverhältnisse genau informieren.

Die nachstehenden Rundfahrtvorschläge wollen als Anregungen verstanden werden, die sich nach persönlicher Neigung vielfältig variieren lassen.

Die Westroute

Urwüchsige Dörfer – pittoreskes Küstenland

Palma – Génova – Coll de Sa Creu – Galilea, La Granja – Banyalbufar – Estellenchs – Mirador de R. Roca – Andraitx – Palma (Gesamtstrecke ca. 150 km)

Das malerische Bauerndorf *Génova* ist ein freundlicher Auftakt für die Fahrt in den äußersten Westen Mallorcas. Man erreicht die kleine Gemeinde ab Palma in Richtung *Castillo de Belver* nach etwa 5 km. Auch von *Cala Mayor/San Agustin* kann man zum Ort mit seinen inseltypischen Bauernhäusern (ca. 4 km) gelangen. An den Ausläufern der *Sierra Burguesa* gelegen, bietet Génova einen lohnenden Blick über die Küste von Palma. Von der 3 km nahen Kapelle *Na Burguesa* (300 m) erweitert

Banyalbufar

sich das Panorama zum Schloß Bellver. Tropfsteinhöhlen und das volkskundliche Museum *Casa Típica Mulet* (Trachten, Keramik, Möbel etc.) lassen sich besuchen. Auch gibt

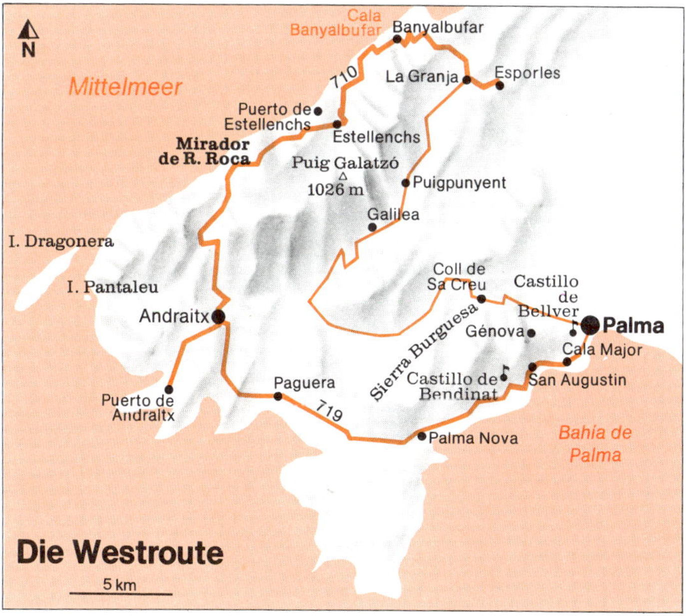

Torre de las Ánimas

es gute Wandermöglichkeiten, zum Beispiel über den *Camino de los Reyes* (Königspfad) zum reizvoll gelegenen *Schloß Bendinat* aus dem 18. Jahrhundert (siehe Seite 36).
Romantisch und immer wieder aussichtsreich ist die weitere Bergstrecke (ca. 30 km) über den *Coll de Sa Creu* (501 m), mit einem kleinen Umweg nach *Galilea* (505 m). Die wald- und wiesenreicher Landschaft, in der das Bergdorf liegt, bietet entspannende Wandermöglichkeiten. Wer sich auf dem Weg zur Westküste jedoch nicht aufhalten will, kann auf der direkten Route, über das Dörfchen *Puigpunyent* (223 m), nach ca. 12 km die Straße C–710 nach *Banyalbufar* (ca. 20 km) erreichen.
An der Abzweigung nach *Esporles* liegt eines der stattlichsten Landgüter der Insel: *La Granja.* Der einstige Herrschaftssitz, mit seiner von Rundbögen getragenen Galerie, dekorativen Parks und Wasserspielen, ist maurischen Ursprungs und war auch im Besitz der Zisterzienser. Heute dient er als Treffpunkt für organisierte Barbacoa-Veranstaltungen mit Musik und Volkstanz.
Die Schlängelstrecke (ca. 8 km) nach *Banyalbufar* (700 E.) gehört zu den eindrucksvollen Küstenszenerien der Insel. Das urwüchsige Fischer- und Bauernnest hat sich neben der Muskatellertraube inzwischen vor allem dem Tomatenanbau verschrieben. Terrassenfelder wurden dem steinigen Boden abgerungen. Trotzig stellte man seine Häuser auf Betonstelzen vor steil abfallendem Fels direkt an die Bucht.
La Baronia heißt ein einstiger Adelssitz (heute Pension) mit Patio und Ziehbrunnen (16. Jh.). Steil hinab führt die Straße zur *Cala de Banyalbufar.* Vor den Klippen und Höhlen der urigen Hafenbucht ist das Revier der Fischer. Baden ist kaum zu empfehlen. Das einfache Restaurant *Ca'n Bac,* an der „Hauptstraße", bietet gute mallorquinische Küche.
Wir bleiben jetzt auf der Küstenstraße C–710 in Richtung Süden. Kurz nach dem Ort scheint die *Torre de las Ánimas* noch immer vor den Einfällen maurischer Piraten zu warnen. In dieser Zeit war die Insel von solchen Türmen wie von einer Kette umgeben. Nach ca. 5 km wird das sympathische Dorf *Estellenchs* (150 m) erreicht. An den Nordausläufern des *Puig Galatzó* (1025 m) lassen sich reizvolle Wanderungen unternehmen. Den urigen *Puerto de Estellenchs* (1,5 km) erreicht man am besten zu Fuß.
Nach weiteren 5 km genießt man das Breitwand-Panorama vor dem *Mirador de R. Roca.* Neben dem Restaurant *Es Grau* werden Souvenirs aller Art feilgeboten. Eine Treppe führt zu den eindrucksvollen Felsformationen der Steilküste.
Vom schlichten Landstädtchen *Andraitx* 14 km) gelangt man zum Badeort *San Telmo* (ca. 8 km) und nach ca. 5 km zum *Puerto de Andraitx* (siehe Seite 40).
Auf dem Rückweg über *Paguera, Palma Nova* (ab hier Autobahn), vorbei an *Cala Mayor,* kehrt man nach dieser langen Lenkrad-Kurbelstrecke schnell in die Metropole Palma (ca. 30 km) zurück.

Die Nordroute

Auf der Straße nach Sóller ins Wildbachtal von La Calobra

Palma – Orient – Sóller – La Calobra – Torrente de Pareis (Gesamtstrecke ca. 175 km)

Die 30 Kilometer von Palma nach *Sóller* könnte man geruhsam auch mit einer altehrwürdigen Elektrobahn zurücklegen. Doch gibt es an und neben der Straße C–711 so viel zu sehen, daß die Rundfahrt per Pkw zur erlebnisreichen Alternative wird. Bereits 12 km nördlich der Inselmetropole lohnt es sich, die Hauptstraße nach links zu verlassen. Landgut und Gärten *Son Raxa* liegen etwa 1000 m abseits der Strecke, eine reizvolle Idylle eines Herrensitzes, mit einer Fassade im italienischen Stil, samt Teich, verspielten Pavillons und tropischer Blumenpracht. Nach ca. 4 km erreicht man das freundliche Dorf *Bunyola,* inmitten von Olivenanpflanzungen. Von hier zweigt die Straße in Richtung *Orient* ab. Durch Haarnadelkurven geht es aufwärts. Nadelwald, wildwüchsige Landschaft, Felsabstürze, stattliche Fincas (Bauernhöfe), mächtige Olivenbäume, Schafe begleiten den 12-km-Umweg ins Bergdorf *Orient* (400 m). In diesem sympathischen Ort gibt es zwei schlichte Gasthäuser mit typisch mallorquinischer Küche. Spanferkel und Kaninchen werden hier schmackhaft zubereitet. Eine ausgezeichnete Spezialitätenküche hat das im mallorquinischen Landhausstil gehaltene Hotel *L'Ermitage.* Wandern steht auf der Spezialitätenkarte des Dorfes, zum Beispiel auf den *L'Ofre* über *Comasema.* Auch der bequeme Weg zum mittelalterlichen *Castillo de Alaró* (800 m) wird mit einem vorzüglichen Rundblick belohnt. Die Verteidigungstürme des Schlosses haben den Zeiten getrotzt. Wir fahren nach Bunyola zurück, wo uns ein anderes Landgut erwartet: *La*

Wanderweg Coll de Sóller zum Puig des Teix (1064 m)

Alquería liegt nach weiteren 4 Kilometern links an der Straße nach Sóller. Auch hier sind Fassade und Gärten sehenswert. Am Haus vorbei weist der Weg in die sanfte Hügellandschaft von *Las Gobias.* Auf dem

Sóller

beschilderten Pfad gelangt man zu Fuß in knapp 2 Stunden zu einem reizvollen Aussichtspunkt mit Panoramablick über die Bucht von Palma.
Ein drittes Landgut liegt nach ca. 1000 m rechts der Straße: *Son Alfabia,* an der Westflanke der *Serreta de Alfabia.* Der stolze Herrensitz war zunächst Sommerresidenz maurischer Wesire, nach der Eroberung Mallorcas Landsitz des Katalanenkönigs Jaime I. Eine prachtvolle Platanenallee führt zum Schloß inmitten von Laubbäumen und üppiger Vegetation. In der Vorhalle Korantexte in arabischen Schriftzeichen.

Die Straße steigt nun (ca. 3 km) in zahlreichen Spitzkehren zum Paß *Coll de Sóller* (496 m), der zwischen der *Sierra de Alfabia* und dem *Teix* liegt. Palma, Schloß Bellver und die Küste von El Arenal zeigen sich dem freien Blick. Bergwanderfreunde wählen hier zwischen zwei lohnenden Gipfeltouren: Man kann zur *Sierra de Alfabia* (1 038 m) aufsteigen (bei Kilometer 20,9) und abseits von Saum und Pfad den Kamm erklimmen. Die zweite Möglichkeit ist die Eroberung des *Teix* (1 064 m). Die Route führt über das Hochplateau *Font de Sa Serp* mit leichtem Anstieg zum Gipfel. Der Abstieg ist auch nach *Valldemosa* möglich.

Auf der Weiterfahrt vom *Coll de Sóller* hinab ins Tal von Sóller kann man gleichfalls seine Kurventechnik beweisen. Stadt und Hafen kommen ins Blickfeld und der höchste Berg der Insel, der *Puig Mayor* (1443 m).

Sóller (ca. 8 km) ist ein wohlhabendes Städtchen im „Tal der Apfelsinen" *(Valle de los Naranjos).* Diese Früchte, wie auch Zitronen, Feigen oder Mandeln, werden insbesondere in Belgien und Frankreich gut verkauft. Zahlreiche Touristen, besonders aus diesen Ländern, verbringen hier ihren Urlaub. Das freundliche Landstädtchen (10 000 E.), mit seinen schmalen Gäßchen, lädt zu einem gemütlichen Bummel ein. Zu den Sehenswürdigkeiten zählen die Pfarrkirche *San Bartolomé* (an der *Plaza Maura*) mit einem barocken Hauptaltar und die *Estación F.C.* (Bahnhof), ein paar Schritte weiter an der *Plaza España.* Hier ist die Endstation der Schmalspurbahn aus Palma und eine Haltestelle der einzigen Inseltram nach *Puerto de Sóller* (siehe Seite 41).

Der Hafen bestimmte die Geschichte und Bedeutung der Stadt. Phönizier, Griechen, Römer machten ihn zur Drehscheibe des Handels. Geblieben ist der Früchteexport in die romanische Nachbarschaft.
Reizvoll ist ein kleiner Aufenthalt an der *Plaza Maura,* dem Zentrum des betriebsamen Städtchens. An einem der Tische vor den Cafés, Bars, Restaurants genießt man die lebendige Atmosphäre dieses sympathischen Kontrapunkts zur großen Inselmetropole Palma.
Um Sóller ist fast die ganze imposante Bergwelt Mallorcas versammelt. Gipfelstürmer wählen von hier den Weg über die Siedlung *Alqueria d'es Conte* zum Bergdörfchen *Biniaraitx.* Von hier aus kann man den *L'Ofre* (1091 m) erklimmen. Vorbei am Landgut L'Ofre (500 m) schlängelt sich der Pfad zum Gipfel empor. Bei schönem Wetter winkt hier ein hervorragender Blick über das Tal von Sóller und die umliegenden Bergzüge. Von Sóller kann man alternativ auch durch gepflegte Orangenplantagen (ca. 5 km) hinter sorgfältig aufgetürmten Steinwällen ins Bergdörfchen *Fornalutx* (180 m) fahren. (Die Weiterfahrt ist auch von *Biniaraix* möglich). Das inmitten von Orangenhainen gelegene hübsche Dorf, mit einem schönen alten Kirchplatz, ist ebenfalls Ausgangspunkt für geruhsame Wanderungen. Nach weiteren 2 km sind wir wieder auf der Straße C–710. In großzügigen Kurven schlängelt sich die Route, vorbei am Aussichtspunkt *Ses Barques,* Seiner Majestät, dem *Puig Mayor* entgegen. Der höchste Inselberg könnte zwar von *Son Torella* (900 m) recht unaufwendig bezwungen werden, für den Aufstieg ist je-

Torrente de Pareis

Straße nach La Colabra

La Colabra

doch, wegen einiger militärischer Anlagen, eine Sondergenehmigung notwendig, für deren Erteilung wir uns nicht verbürgen können.

Wir kommen an zwei Stauseen vorbei: dem *Embalse de Cuber* und dem besonders schön gelegenen *Embalse de Gorg Blau.* Dazwischen ein paar verwitterte Bauskelette fehlgeschlagener Hotelplanungen.
Ein römischer Aquädukt zeigt die Abzweigung nach *La Calobra* und ins Wildbachtal *Torrente de Pareis* (ca. 38 km von Sóller) an. Jetzt hat man eines der bizarrsten Naturerlebnisse auf Mallorca vor sich. Das Tal mit seinen tiefen Felseinbrüchen, von Olivenbäumen und aufgeschichteten Steinwällen gesäumt, ist auf ausgebauter Paßstraße eindrucksvoll zu durchqueren. Eine wilde, dolomitenartige Berglandschaft zwischen den Ausläufern von *Puig Mayor* und *Puig Roig* (1003 m) begleitet die Fahrt nach *La Calobra.* Diese Siedlung, mit Bars, einfachem Restaurant und ebensolcher Unterkunft, ist ein gefragtes Bus-Rundfahrt- und Touristenziel. Eine Felsbucht dient als natürlicher Hafen und Ankerplatz für die Ausflugsboote aus *Puerto de Sóller.* Von hier aus kann man zu Fuß den Punkt erreichen, an dem der *Torrente de Pareis* ins Meer einmündet. Im Sommer ist das Bachbett jedoch ausgetrocknet.
Um dem Gedränge zu entgehen, können Sie auf dem Rückweg zur ca. 5 km entfernten *Cala Tuent* abzweigen. Das ist eine malerische Bucht mit Kiesstrand und einigen kleinen Booten. Wer nicht zuviel erwartet, kann sich an dem urwüchsigen Badeplatz und in dem mallorquinischen Restaurant wohl fühlen.

Wir sind jetzt auf der Rückfahrt, aber noch nicht am Ende unseres Rundweges. Auf der Straße C–710 geht es wieder zurück nach Sóller. Sie führt von dort nach ca. 12 km in das reizvolle Küstendorf *Deiá* (150 m). Der kleine Ort liegt auf einem Hügel über dem Meer. Auf engen Sträßchen erreicht man am höchsten Punkt die bescheidene Pfarrkirche, inmitten von Olivenhainen und einigen ansehnlichen Guts- und Bauernhöfen im mallorquinischen Stil. Ma-

Die Kartause von Valldemosa

ler und Literaten bewohnen den Ort vor dem zerklüfteten Panorama der Westküste. Für Feriengäste gibt es ein Vier-Sterne-Hotel und einfache Pensionen. Zum Baden muß man allerdings etwa 30 Minuten zum Fischerhafen *Cala de Deiá* hinabsteigen. Wanderfreunde finden von hier zahlreiche Wege um und auf den *Teix* (1064 m).

Schöne Ausblicke auf die Küste begleiten die weitere Fahrt nach *Valldemosa* (10 km). Nach etlichen Kurven der Landsitz *Son Marroig* (16. Jh.) mit lohnendem Blick über die Halbinsel *Na Foradada* und die Felsformationen der *Costa Brava Mallorquina.* Haus und Park kann man besichtigen.
Etwa auf halber Strecke erreicht man *Miramar.* Das Gut und etwa ein Dutzend umliegender Höfe gehörten dem österreichischen Erzherzog *Ludwig Salvator,* der das Küstenpanorama mit einigen Aussichtsplätzen versehen ließ. Der mallorquinische Philosoph und Sprachwissenschaftler *Ramón Llull* gründete hier im 13. Jahrhundert seine berühmte Schule für orientalische Sprachen *(Escola de Llengües Orientals).*

Schließlich ist *Valldemosa* (400 m) erreicht. Ort und Kartause *(La Cartuja)* dienen der Geschichte und dem Tourismus Mallorcas mit der publikumswirksamen Verbindung zwischen der Schriftstellerin *George Sand* und dem lungenkranken Komponisten *Frédéric Chopin.* Beide bewohnten im Winter 1838/39 zwei um diese Zeit zu Privatwohnungen umfunktionierte ehemalige Klosterzellen. Die Souvenirindustrie am Ort feiert dieses Ereignis noch heute in allen denkbaren Variationen zwischen Kitsch und Kunst – ungeachtet des Umstandes, daß die impulsive Dichterin in ihrem frühen Bestseller über die Insel, *Un Hiver à Majorque* (Ein Winter auf Mallorca), nur geringfügig Positives über Land und Leute zu sagen wußte.
Die kleine 1200-Seelen-Gemeinde, inmitten von sanftem Hügelland und landwirtschaftlichen Kulturen, ist eine der Hauptattraktionen unter den Sightseeing-Plätzen der Insel. *Martín von Aragón* stiftete das Kar-

Valldemosa: Alter Königspalast

Valldemosa: Chopin-Zelle im Kloster

täuser-Kloster im Jahre 1399. Das bevorzugte Klima und die Nähe zu Palma machten Valldemosa schon früh zur Residenz wohlhabender Neubürger. Maurische Wesire und ebenso die Könige von Mallorca verbrachten hier den Sommer. Güter und Herrensitze im Umfeld lassen den Wohlstand ihrer ehemaligen Bewohner erkennen. In den früheren Patrizierhäusern am Ort haben Andenkenläden und Restaurants ihren Platz gefunden. Besonders reizvoll ist ein erster Blick auf die Klosterkirche von der kleinen Gartenanlage, unweit der Parkplätze. Kirche und Kreuzgang des Klosters stammen aus dem 18. Jahrhundert. Im kraftvollen, neoklassizistischen Kirchenbau, mit Fresken des Kartäusers *Bayeu,* ist besonders das Retabel *La Piedad* des katalanischen Bildhauers *Adrián Ferrán* sehenswert. In der *Sakristei* u.a. Meßgewänder mit wertvollen Gold- und Silberstickereien und ein gotischer Reliquienschrein. In der ehemaligen *Apotheke* am Kreuzgang Keramiken und Glasgefäße aus dem 17. Jahrhundert, zum Teil noch mit alten Arzneimitteln gefüllt. Vom Korridor erreicht man die ehemaligen Klausen, unter ihnen die *Zelle des Priors* (Sammlung von Dokumenten, Keramik, Gemälden und eine kirchengeschichtliche Bibliothek) und die Zelle *Chopins* mit persönlichen Handschriften und historischem Interieur. Zu sehen sind außerdem die *Imprenta Guasp,* eine alte Druckpresse à la Gutenberg, und das Geburtshaus der mallorquinischen Heiligen *Catalina Thomás* (16. Jh.).

Unter den Wanderungen ist der Aufstieg über *Sa Coma* in die Region des *Teix* (1064 m) interessant. Der Abstieg ist auch zum Paß von Sóller *(Coll de Sóller)* möglich.

Die direkte Straße nach Palma wird schmäler und führt nach wenigen Kilometern zum Engpaß *S'Estret.* Dann zeigt sich die Strecke angenehmer. Knorrige, bis zu tausendjährige Olivenbäume werden von Mandelbaumplantagen abgelöst. Nach insgesamt 18 km erreicht man schließlich die Inselmetropole Palma.

Alte Römerbrücke bei Alcudia

Die Nordostroute

Durch Weinberge zum Kloster der „Braunen Madonna"

Palma – Santa Maria – Alaró – Selva – Monasterio de Lluch – Inca – Binisalem – Palma (Gesamtstrecke ca. 100 km)

Am alten Flugplatz *Son Bonet* vorbei führt die Straße C–713 in Richtung Nordosten. Das ist die alte Verbindungsstrecke der Römer vom damaligen *Palmaria* (dem heutigen Palma) zur Küste um *Pollentia* (beim heutigen *Alcudia*). Die von den Mauren gegründete Stadt *Santa Maria* (3100 E.) durchfährt man nach ca. 15 km. Hier beginnt eine Weinregion der Insel. Aus den sorgsam von Steinwällen geschützten Reben keltert man den beliebten, süffigen Rotwein. Am Ort oder im 9 km nahen *Alaró* (Abzweigung links in *Consell* nach 4 km) kann man die Probe aufs Exempel machen. In den alten Winkelgäßchen des urwüchsigen Landstädtchens *Alaró* (3300 E.) wird man sich allerdings schon vor der Weinprobe nur schwer zurechtfinden. Von dort kann man, teils mit dem Wagen, den Rest zu Fuß, auch das *Castillo de Alaró* besuchen. (Mittelalterliche Festungstürme, ausgezeichneter Rundblick.)

Kirche von Selva

Felsformation im Gebirge von Lluch

Durch eine Tallandschaft, von bewaldeten Hügeln umgeben, vorbei an Weinbergen, Mandelbaumplantagen fährt man über *Lloseta* mit seinen landwirtschaftlichen Kulturen insgesamt 13 km zum betriebsamen *Selva* (300 E.), dessen wuchtige Pfarrkirche den Ort überragt. Sie ist über eine von Zypressen gesäumte Freitreppe zugänglich.
Über *Caimari* erreichen wir auf einer gut ausgebauten Paßstrecke mit mächtigen Kiefern in urwüchsiger Bergwelt nach 12 km das *Monasterio de Lluch.*
Ein paar Kilometer vor der Einmündung in die Straße C–710 auf 500 m Höhe, beim Gut *Comafreda,* finden Bergwanderer den Einstieg zur Bezwingung des *Puig de Masanella* (1348 m). Der gekennzeichnete Pfad ist nicht sehr beschwerlich, der Rundblick dafür umfassend: *Puig Mayor, Sierra* und das *Meer* im Westen, die Buchten von *Pollensa* und *Alcudia,* bei gutem Wetter sogar die Insel *Menorca* im Osten.

Das *Monasterio de Lluch* (400 m), in einem weiten Talkessel von Fels und Wald eindrucksvoll umrahmt, gilt als der bedeutendste Wallfahrtsort Mallorcas. Man verehrt hier *La Moreneta,* eine Madonnenfigur, die, wie die Ursprünge des Klosters selbst, aus dem 14. Jahrhundert stammt. Der Gebäudekomplex in der heutigen Form ist etwa 300 Jahre alt. Er wurde in jüngerer Zeit renoviert. Stattlich präsentiert sich der Bau schon auf der Anfahrt, sobald Wald und Straße den Blick auf das Kloster freigeben. Durch das gepflegte Grün des *Clastre* (Hauptplatz) gelangt man zur *Klosterkirche* mit der „Braunen Madonna“, *La Moreneta.* Das Kloster selber dient heute als kirchliches Internat. Hier gibt es keine gängigen Touristenattraktionen. Trotz häufiger Sightseeing-Betriebsamkeit erhält sich dieser Ort noch immer als Stätte der Einkehr und Besinnung.
Von Lluch lassen sich reizvolle Spaziergänge und Wanderungen unternehmen, besonders zu empfehlen ist der Weg vom Gebirgsdörfchen *Escora* über *Entreforc* durchs Tal des *Torrente de Pareis* und zur Einmündung des Wildbachs bei *La Calobra.* Hierzu muß das Bachbett jedoch völ-

Monasterio de Lluch

lig ausgetrocknet sein. Die Strecke ist beschwerlich, aber ein großartiges Naturerlebnis. (Man kann *La Calobra* von Lluch aber auch mit dem Wagen – ca. 21 km – erreichen.)

Über die pittoreske Paßstrecke fahren wir nach *Selva* zurück und 4 km weiter nach *Inca* (14000 E.), der drittgrößten unter den Städten Mallorcas.

Inca ist ein Zentrum der Landwirtschaft, der Lederwaren-, Textil- und Schuhindustrie. Außer den auf Touristen spezialisierten Verkaufsausstellungen diverser Hersteller vermag die geschäftigte Stadt dem Fremden nicht viel zu bieten. Erhalten hat sich der *Dijous Bo,* der „gute Donnerstag“, ein ländliches Volksfest im November. An jedem Donnerstag findet hier auch ein bunter Wochenmarkt statt. Anzumerken sind außerdem die *Pfarrkirche* mit ihrem wuchtigen *Glockenturm* sowie die *Klöster San Francisco* und *Santo Domingo* mit schönen Kreuzgängen (18. Jh.). Einen der *Celler,* der alten Weinkeller, mit ihren rundbäuchigen Fässern, sollte man besuchen. Dort serviert man auch *Porsella rostida,* gebratenes Spanferkel nach Landesart. Mit dem Wein kann man aber auch bis *Binisalem* (4000 E.) warten, dem bekannten Rotweinzentrum der Insel. Hier ist man ebenfalls mit einer entsprechenden Zahl an Kellereien und Bodegas ausgestattet.

Von Inca fährt man über die C–713 noch ca. 28 km nach Palma.

Wanderung an der Steilküste bei Lluch

Die Nordküste

Zwei Kaps und zwei Römerstädte

Palma – Pollensa – Cabo Formentor – Alcudia – Cabo del Pinar – Palma (Gesamtstrecke ca. 200 km)

Die C–713 führt uns ab Palma in Richtung Nordosten. Nach ca. 38 km, vorbei am schlichten Landkirchlein *San Miguel* (13. Jh.), eine Abzweigung links zu den *Cuevas de Campanet* (ca. 4 km). Die teilweise recht bizarren Kalksteinhöhlen wurden erst im Jahre 1945 entdeckt.
Sollten Sie sonntags unterwegs sein, so lohnt es sich, noch den Markt von *La Pueblo* zu besuchen. Sie überqueren die Hauptstraße C–713 und erreichen nach 2 km das Landstädtchen *La Puebla* (9000 E.) mit seinen engen Gassen. Der dortige Sonntagsmarkt ist ein beliebter Treffpunkt der Mallorquiner und ihrer bunten Gästeschar.

Pollensa erreicht man auf der C–713 nach ca. 20 km. Das 10 000-Einwohner-Städtchen hat sich seinen ursprünglichen Charakter erhalten. Schmale, winkelige Gassen führen durch eine der ältesten Inselgemeinden, deren Gründung man auf die Römer zurückführt. In der Pfarrkirche *Nuestra Señora de los Angeles* (18. Jh.) ein Bild der *hl. Jungfrau mit Kind* des deutschen Malers *Mosgraber*. *Iglesia de los Templarios*, die frühere Templerkirche, die *Casa Consitorial* (Rathaus) und das einstige Dominikanerkloster *Santo Domingo* sind weitere Markierungspunkte auf dem Rundgang.

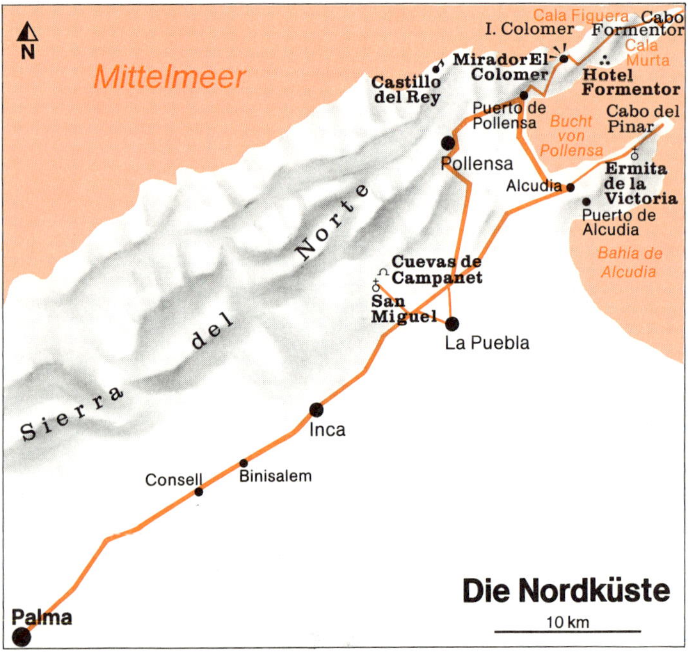

Pollensa

A Kleine Ausflüge auf den *El Calvario* (Kalvarienberg), mit schönem, zypressengerahmtem Treppenaufstieg, zur Einsiedelei *Orotario del Puig* (300 m), mit großzügigem Rundblick, oder (ca. 6 km) zur Ruine des an der Küste liegenden *Castillo del Rey* (Königsschloß) der mallorquinischen Könige (weites Panorama der Nordküste) bieten sich an.

Über *Puerto Pollensa* (siehe Seite 43) führt uns der Rundkurs nun in eine der spektakulären Küstenregionen der Insel, dem vielbeschriebenen *Cabo Formentor.* Die gut befahrbare Paßstraße wurde in die Karstberge hineingesprengt. Weit reicht der Blick zurück über den Hafen von Pollensa. Auf der Höhe von *Mal Pas* (360 m) der erste Aussichtspunkt: *Mirador El Colomer* (ca. 10 km), der gleichnamigen Felsinsel gegenüber. Buskolonnen belagern diesen hervorragenden Aussichtsplatz, der mit kühn in den Fels geschlagenen Treppen vor das imposante Panorama der bizarren, felszerrissenen Nordküste Mallorcas führt. Der Zenit des Passes ist bald erreicht. Großartige Küstenlandschaft wechselt mit dichtem Pinienwald.

Blick vom Mirador El Colomer

Nach ca. 3 km die berühmteste Luxusherberge der Insel, das *Hotel Formentor,* umringt von Pinienwald und Olivenhainen. Das äußerlich eher unscheinbare Prominentenrefugium an der malerischen, hellsandigen *Cala Pi* (siehe Seite 48) entfaltet seinen eigentlichen Glanz erst im Inneren. Vielleicht wird man zunächst an der Bar der Nobelherberge einen Aperitif nehmen und dann einen geruhsamen Spaziergang machen.
Wer sich dem regen Busbetrieb auf der nun ziemlich engen Küstenstrecke nicht aussetzen will, könnte hier umkehren, mit dem ruhigen Gefühl, den bizarrsten, eindrucksvollsten Teil dieser imposanten Halbinsel damit keinesweg versäumt zu haben. Die Paßroute windet sich zwischen steilen Karst-Felswänden und Felsabstürzen inmitten atemberaubender Rundblicke, vorbei am kleinen Strand *Cala Murta,* durch den Tunnel des *Es Fumat* (334 m, schlecht zugänglicher Aussichtspunkt), über weitere ca. 13 km hinab zum Leuchtturm *Faro de Formentor* (209 m). Das ist der nördlichste Ausläufer Mallorcas. Die anregende, aber anstrengende Fahrt wird mit dem Blick auf die *Cala Figuera* (siehe Seite 49), bei klarer Sicht auch auf die Bucht von *Pollensa,* vielleicht sogar auf den östlichen Zipfel von *Menorca* quittiert.

Auf dem gleichen Weg geht es nun nach *Puerto Pollensa* zurück und an der gleichnamigen Bucht ca. 10 km weiter zum mittelalterlichen Festungsstädtchen *Alcudia* (3500 E.). Auch hier setzten bereits die Römer den ersten Stein. Kraftvolles und unübersehbares Wahrzeichen des einst wehrhaften Städtchens sind die trutzigen Befestigungsanlagen aus der Regentschaft von *Jaime II.* Zwei gut erhaltene Stadttore erinnern an Glanz und Elend wechselhafter Geschichte: als römische Inselmetropole *Pollentia* um das Jahr 400 von den Vandalen niedergebrannt, von den Arabern als *Alcudia* neu gegründet und von Jaime II. zur wehrhaften Stadt erhoben. Auch die Pfarrkirche *San Jaime* (16. Jh.) war ehemals eine Eckbastion des Walls um die Stadt. In kräftigen Farben zeigen sich die Reliefs um den gotischen Hauptaltar. An der Straße zum *Puerto de Alcudia* (siehe Seite 45), am Südrand des Städtchens, das *Teatro Romano,* ein römisches Amphiteater. An der selben Straße zweigt man jetzt ab in Richtung *Bon Aire,* einem ansprechend gelegenen Urbanisationsgebiet mit großzügigem Yachthafen.
Etwa 11 km fährt man nun über eine weitere eindrucksvolle Paßstrecke über bizarrer Steilküste, mit Blick auf die Halbinsel von *Formentor* aus einer neuen, überaus reizvollen Perspektive, zum *Cabo del Pinar:* Pinienwald, urige Felsbuchten, malerische Badeplätze, zumindest an Wochentagen, ohne großen Trubel. Im letzten Drittel der Strecke Auffahrt zum einfachen Kirchlein *Ermita de la Victoria,* mit schönem Rundblick. Die Paßfahrt endet vor dem Cap und vor einer Militärzone, die nicht betreten werden darf. Auf der selben Route zurück nach *Alcudia.* Von dort erreicht man über die Straße C-713 nach ca. 53 km wieder die Hauptstadt Palma.

Die Ostroute

Vom Klosterberg in urwüchsiges Binnenland

Palma – Algaida – Berg Randa – Manacor – Petrá– Sineu –Sencelles – Palma (Gesamtstrecke ca. 145 km)

Die gut ausgebaute, stark befahrene Straße C–715 führt in den Osten von Mallorca – ebene Strecke (ca. 30 km) – zum freundlichen Landstädtchen *Algaida* (3500 E.). Direkt an der Durchgangsstraße das rustikale Restaurant *Ca'l Demoni* (Hammel- und Schweinekoteletts vom Rost und der beliebte Eintopf *Sopa Mallorquina*). In südlicher Richtung durchquert man den Ort in Richtung *Lluchmayor.* Nach ca. 3 km an der Abzweigung links über Holperstrecke in das ca. 2 km entfernte Dörfchen *Castellitx.* Hier steht das angeblich älteste christliche Kirchlein Mallorcas, die *Eremita de la Pau* (1236), mit schönem Portal im römisch-byzantinischen Stil.
Zurück auf unsere Hauptroute. Ort und Berg *Randa* (280 m) passiert man nach ca. 2 km. Die aufsteigende Kurvenstrecke durch Busch- und Pinienlandschaft führt zu Kloster und Kirche *Santuario de N.S. de Gracia,* eng an den steil abfallenden Fels geduckt. Vom *Santuario San Honorato* (ca. 1 km), mit schlichter Kapelle, genießt man einen guten Blick über die Bucht von Palma. Nach ca. 1,5 km erreicht man Kloster und Kirche

Klosterberg Randa

Santuario de N.S. de Cura, eine der historischen Wallfahrtstätten der Insel. Der Dichter und Philosoph *Ramón Llull* verfaßte hier sein berühmtes Werk *Ars Magna.* Man hat einen freien Blick über Land und Meer um Palma.

Vom Ort *Randa* gelangt man nach ca. 8 km wieder zur Straße C-715, beim Ort *Montuiri* (5 000 E.), der sich malerisch über einen Hügel erstreckt. Die Gemeinde ist besonders durch ihre Wurstspezialitäten bekannt.
Auf dem Weg nach Osten durchfährt man (ca. 10 km) das langgezogene Straßendorf *Villafranca* (2200 E.).

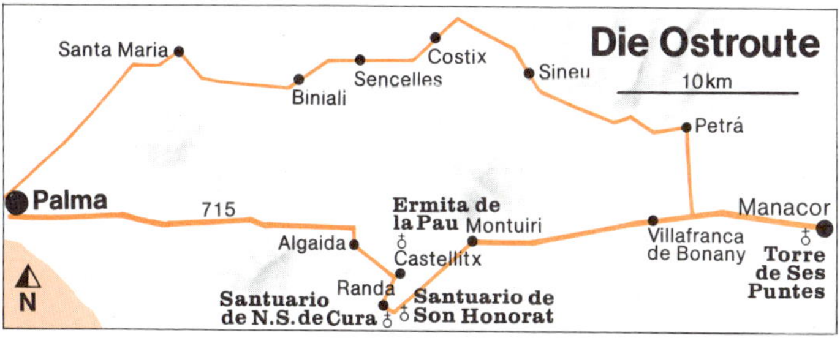

Kirche von Manacor

Kirche von Villafranca

Wein und Landwirtschaft bilden hier den Erwerb. (An den Straßenständen ersteht man den saftigsten Knoblauch der Insel).

Noch ca. 9 km bis zur zweitgrößten Inselstadt *Manacor* (19 000 E.). Die Bezirksmetropole lebt, neben der Landwirtschaft, von der Möbelindustrie und der Produktion künstlicher Perlen. Wie ein mahnender Finger überragt der schlanke Turm der Pfarrkirche *Dolores de Nuestra Señora* (teils 15. Jh.) weithin sichtbar die betriebsame Stadt. Zu vermerken sind das ehemalige Kloster *Santo Domingo* (17./18. Jh.), mit schöner Kapelle, und die *Torre de Ses Puntes*, ein Relikt der alten Stadtbefestigung aus dem 15. Jahrhundert. Unübersehbar an der Durchgangsstraße die Verkaufsausstellungen für die bei vielen Touristen beliebten mallorquinischen Perlen.

Ca. 2 km zurück über die Straße C–715. Dort befindet sich die Abfahrt nach *Petrá* (4500 E.). Der sympathische Marktflecken (ca. 8 km) verfügt über ein stilvoll geschlossenes Ortsbild. Zwei Kirchen hat die lebhafte Gemeinde, deren berühmtester Sohn *Fray Junipero Serra* war. Als *José Miguel* 1713 hier geboren, begründete er als Missionar die kalifornischen Städte Los Angeles, San Francisco, San Diego, San José und Monterrey. Sein Denkmal steht im Städtchen, seine Büste im Capitol in Washington. Das Geburtshaus, im Stil einer schlichten mallorquinischen Wohnung, dient als Erinnerungsstätte. Pfarrkirche *San Pedro* mit gotischem Altar (16./18. Jh.) und Klosterkirche *San Bernardino* liegen auf dem Rundweg.

Ca. 4 km südwestlich, auf einer Anhöhe von 300 m, liegt die *Ermita de Bonany* (17. Jh.). Hier verehrt man das (angeblich) tausendjährige Madonnenbildnis *Mare de Deú de Bonany*. Es befindet sich am Hauptaltar. Schöne Rundsicht.

Von *Petrá* ca. 10 km weiter in Richtung *Sineu* (6000 E.). Gepflegte Fel-

Pfarrkirche von Petrá

der, von Steinwällen umgeben, Hügelland, Pinien, Olivenbäume entlang der Strecke. Sineu ist ein reizvolles Städtchen mit engen Gassen. Es liegt im geografischen Zentrum von Mallorca. Beim Mittwochs-Markt füllt sich der Ort zum lebhaften Handelsplatz.
Ca. 5 km weiter in Richtung *Inca.* Mandelbäume und Waldlandschaft säumen die gerade verlaufende Straße. Links zweigt die Straße nach *Costix* (ca. 2 km) in malerisches Hügelland ab. Kleine persönliche Entdeckungen machen diesen geringen Umweg über stille, gut befahrbare Nebenwege reizvoll. Im Pfarrkirchlein des altertümlichen Dorfes *Costix* ein Madonnenbild aus dem 14. Jh., das angeblich von Kindern in einem Apfelbaum entdeckt wurde.
Sencelles (ca. 4 km) gilt als beliebtes Malerdomizil. In der Pfarrkirche *San Pedro* steht ein wertvoller Marmoraltar. Das 2000-Seelen-Dorf (118 m) bietet großartige Ausblicke auf die umliegenden Bergketten.

Durch das verwitterte Dörfchen *Biniali* und weiter (ca. 12 km) über *Santa Maria* erreicht man die Straße C–713. Von hier sind es noch ca. 14 km nach Palma.

Die Südostroute

Zu den Tropfsteinhöhlen der Ostküste

Palma – Lluchmayor – Felanitx (Castillo de Santueri) – Porto Cristo – Cuevas del Drach und de Hams – Cuevas de Artá – Capdepera – Artá – Palma (Gesamtstrecke ca. 185 km)

Das Autobahnteilstück in Richtung *Santanyi* bis auf die Höhe von *Ca'n Pastilla* beschleunigt ein wenig die Anfahrt ab Palma über die C–717 in den Südosten der Insel. Von ferne erkennt man die Windmühlen von *Sant Jordi.*

Lluchmayor (12 000 E.) erreicht man über die C–717 oder von der *Playa de Palma* über *Arenal* nach jeweils ca. 24 km. Das einfache Landstädtchen hat seinen Platz in der Inselgeschichte. Nördlich des Ortes, etwa auf halber Strecke zum Berg *Randa,* tobte 1349 die Schlacht zwischen König *Pedro III. von Aragon* und König *Jaime III.,* die zum Ende des Königreichs Mallorca führte (siehe Seite 8).

Die relativ gerade Straße erreicht nach ca. 13 km das betriebsame *Campos del Puerto* (6 500 E.), von wo man in Richtung Nordosten, durch abwechslungsreiche Landschaft, *Felanitx* (12 000 E.) erreicht. Es liegt vor

Cuevas del Drach

dem *Puig San Salvador* (500 m), einer Wallfahrtstätte (ca. 6 km) mit schöner Aussicht. Der für seinen Weißwein bekannte malerische alte Ort mit der stattlichen Pfarrkirche *San Miguel* (18. Jh.) lebt vor allem von Majolika- und Glasproduktion.

6 km südöstlich des Ortes findet sich das *Castillo de Santueri.* Als einstige Römerburg ist die Festung mit ihren Zinnentürmen eines der ältesten Bollwerke Mallorcas. Es diente dem Schutz von *Porto Colóm,* des alten Hafens von *Felanitx.*

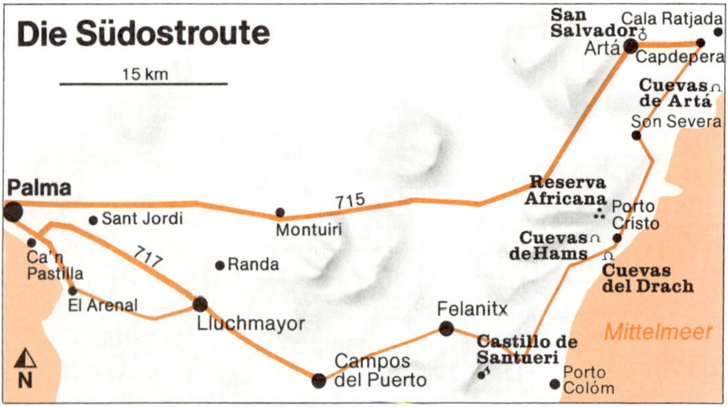

Die Südostroute

Nördlich von *Porto Colóm* erreichen wir jetzt nach ca. 10 km die Küstenstraße C–717 mit dem Reigen der Strände und Badeorte (siehe Seite 49) und folgen ihr bis zu den *Cuevas del Drach*, am Südrand von *Porto Cristo*. Die *Drachenhöhlen* waren unterirdische Fluchtburgen des Mittelalters. Der Franzose *E. A. Martel* entdeckte diese Attraktion an der Ostküste Ende des 19. Jahrhunderts. Der unterirdische See, ca. 177 m lang, durchschnittlich ca. 40 m breit und bis zu 9 m tief, wurde nach seinem Entdecker benannt. Die Tropfsteinhöhlen ziehen sich über etwa 2 km und gehören damit zu den größten Grotten Europas. Reizvoll ist eine Bootsfahrt über den klaren See, mit dem märchenhaft angestrahlten Himmel der Stalaktiten.
Ca. 3 km westlich von Porto Cristo verstecken sich die *Cuevas de Hams*, die man 1906 entdeckt hat. *Hams* ist mallorquinisch und heißt soviel wie *Harpune*. Die Stalaktiten der ca. 350 m langen Höhlen zeigen diese Formen. Riesigen Pfeilern gleich ragen die hellglänzenden Stalaktiten und Stalagmiten in den Raum. Der unterirdische See, *Mar de Venecia* (Meer von Venedig) genannt, ist kristallklar, seine Oberfläche glatt wie ein Spiegel.
Auf der Weiterfahrt entlang der Nordostküste kann man nach ca. 5 km einen Abstecher zur *Reserva Africana* machen, dem Auto-Safaripark. Das ist ein 40 ha großes Wildgehege mit zahlreichen Tierarten, von Antilopen, Elefanten, Nashörnern, Flußpferden bis hin zu Wasserböcken und Zebras, dazu zahlreiche Vogelarten.
Weiter geht es über *Son Severa* an der Küste entlang (ca. 20 km), vorbei an bekannten Badeorten, nach *Capdepera* (3000 E.), mit reizvollem und gut erhaltenem Ortsbild. Lohnend ist der Besuch des maurischen Kastells.

Capdepera

An der *Plaza España* führen Treppen hinauf, man kann aber auch an der *Plaza José Antonio* und am *Rathaus* vorbei, recht halsbrecherisch, aufwärts fahren. Bei der Ruine angelangt, bietet sich ein schöner Blick über den Ort und das pittoreske Umland. Danach kann man sich am Hafen von *Cala Ratjada* (siehe Seite 58) ausruhen oder den Rückweg über die Straße C–715 (10 km) nach *Artá* (5800 E.) antreten. Das mittelalterliche Landstädtchen in malerischer Hügellage bietet als Sehenswürdigkeit die einfache Wallfahrtskirche *San Salvador* (19. Jh.), die auf einer kleinen Anhöhe über den Resten der Stadtmauer in schöner Aussichtslage plaziert ist. Eine zypressengesäumte Treppe, der *Calvario*, mit Darstellungen des Kreuzweges, verbindet sie mit der gotischen Pfarrkirche *Transfiguración del Señor* (13./16. Jh.) zu ihren Füßen. Die gesamte Anlage gewährt einen vorzüglichen Ausblick auf die stattlichen Patrizierhäuser der unter *Jaime I.* aufgeblühten Stadt. Das *Museo Local de Artá* zeigt viele Funde aus prähistorischer Zeit.
Nach rund 80 km erreicht man über die Straße C–715 wieder Palma.

Cabrera, die Insel der „Blauen Grotte"

Wen die kleine Seereise zu einem fast unbehausten Eiland reizt, kann sich ab Palma (zweimal wöchentlich) zur Insel *Cabrera* einschiffen. Dazu muß man einen Tag einplanen, ausreichend Proviant mit sich führen und darauf vertrauen, daß Neptun bis zum Abend nicht zornig wird. Fällt die Rückfahrt nämlich stürmischer See zum Opfer, wird die zerklüftete Insel unversehens zur kargen Freiluft-Pension. Es gibt weder Restaurants noch irgendeine Unterkunft. Man ist für eine Strecke (rund 50 km) ca. 3 Stunden auf dem Meer.
Der Archipel wird durch weitere kleinere Inseln gebildet, von denen die *Isla Conejera* (Kanincheninsel) wiederum die größte ist. Wer den imposanten, windgeschützten Naturhafen durch die 300 m breite Einfahrt erreicht, sieht sich von einem massigen Wehrturm (14. Jh.) begrüßt, der das Eiland vor afrikanischen Freibeutern allerdings nicht bewahren konnte. Er läßt sich als Aussichtsturm nutzen. Ein kleines Denkmal am Hafen erinnert an 8000 Franzosen, die von 1809 bis 1814, nach der Schlacht von Bailén gegen Napoleon, als Kriegsgefangene hierher verbannt worden waren.
Heute sind die Leuchtturmwärter samt ihren Familien einzige Bewohner von Cabrera. Das spärliche Grün der wasserlosen, verkarsteten Inseln fällt immer wieder wilden Ziegen zum Opfer. Die höchste Erhebung, der *Puig de la Guardia,* mißt 172 m. Viel läßt sich abseits der 5 qkm großen Hafenbucht nicht mehr erobern. Eine lohnende Bootspartie (30 Minuten) führt bei gutem Wetter zur *Cueva Azul.* Die „Blaue Grotte" beeindruckt durch ein intensiv blau einfallendes Licht. Es entsteht durch die Reflexe von hellsandigem Meeresgrund unter dem kristallenen Blau des einfließenden Wassers.

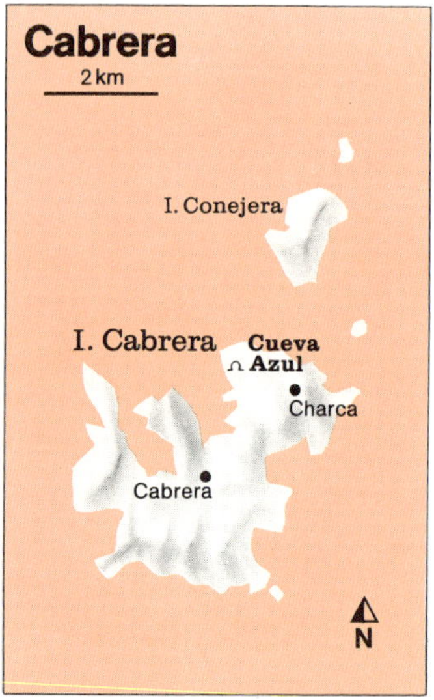

Was man gerne wissen möchte

Land und Leute im Spiegel von Zahlen und Fakten

Mallorca, Menorca und Ibiza mit Formentera bilden die Hauptinseln des Balearischen Archipels, zu dem auch die Satelliten Cabrera und Dragonera gezählt werden.
Geologisch betrachtet ist Menorca das älteste Mitglied dieser vorwiegend aus Kalk und Sandstein geformten Inselgruppe. Ibiza liegt dem Festland am nächsten. Zum Golf von Valencia sind es knappe hundert Kilometer.
Die Inseln gelten als Fortführung des andalusischen Faltengebirges. Ausnahme ist Menorca, das man als Fortsetzung des iberischen Randgebirges und somit als Relikt einer Landbrücke zwischen Sardinien und Katalonien betrachtet.
Die Balearen sind eine spanische Provinz, mit der Hauptstadt Palma de Mallorca (290 000 E.). Insgesamt wird der Archipel von rund 600 000 Menschen bewohnt. Der weitaus größte Teil lebt auf Mallorca, mit insgesamt 460 000 Einwohnern.
Mallorca ist nach Größe und Geographie das Zentrum der Inselgruppe, mit einer Oberfläche von 3640 qkm. Menorca (61 000 E.), die zweitgrößte, hat nur noch 670 qkm Fläche zu bieten. Auf Ibiza (575 qkm) leben 48 000 Bewohner und auf den 100 qkm von Formentera 3900 einheimische Inselbewohner.
Auf Mallorca überwiegt die landwirtschaftliche Produktion. Bekannt sind auch die Weine von Binisalem und Felanitx, wie das Olivenöl von Sóller und Buñola. Die Fabrikation von Schuhen und anderen Lederwaren, Möbeln, Handstickereien und künstlichen Perlen sind weitere Erwerbsquellen. Doch ernährt der Tourismus inzwischen rund siebzig Prozent der Bewohner Mallorcas.

Das Klima rund ums Jahr

Das ausgeglichen-gemäßigte Klima Mallorcas kommt Urlaubern im Sommer wie Winter zugute. Die mittleren Temperaturen liegen im Sommer bei 25 Grad Celsius, im Winter bei 10 Grad. Die relative Luftfeuchtigkeit beträgt knapp 70 Prozent.

Klimatabelle

Monate	*Höchste Temperatur*	*Niedrigste Temperatur*	*Durchschnittliche Wassertemperatur*	*Durchschnittszahl der Sonnenstunden pro Tag*	*Durchschnittliche Regentage im Monat*
Januar	20,4	0,0	14	5,2	5
Februar	18,8	–3,0	13	6,4	4
März	22,6	–2,0	14	6,3	5
April	25,5	1,7	15	6,8	3
Mai	29,4	6,2	17	9,6	3
Juni	34,2	10,2	21	10,7	2
Juli	35,6	14,4	23	8,9	1
August	36,0	14,2	25	11,1	3
September	33,0	11,0	24	8,0	3
Oktober	27,0	6,0	21	6,4	6
November	24,0	3,6	18	5,5	7
Dezember	20,4	1,4	15	4,0	7

Einreiseformalitäten

Für die Einreise nach Spanien, also auch auf die Balearen, muß man einen gültigen Reisepaß oder Personalausweis mit sich führen. Kinder unter 16 Jahren benötigen einen Kinderausweis oder die Eintragung im Paß der Eltern.
Für Berliner genügt ein behelfsmäßiger Personalausweis des Landes Berlin; Kinder unter 15 Jahren können mit einer mit Lichtbild versehenen Bescheinigung des Polizeipräsidiums Berlin oder in Begleitung eines Ausweisinhabers einreisen, in dessen behelfsmäßigen Personalausweis sie eingetragen sind.
Wer ein Haustier mitnehmen will, braucht ein amtsärztliches Gesundheitszeugnis für das Tier. Auch die Tollwutschutzimpfung muß vom Amtstierarzt bestätigt sein.
Bei einem Aufenthalt über mehr als drei Monate wird die Aufenthaltsgenehmigung bei der Provinzialregierung in Palma erteilt.
Autoreisende sollten die grüne Versicherungskarte vorweisen können. Der zollfreie Aufenthalt beträgt sechs Monate pro Jahr. Wird ein Besucher durch unvermeidliche Ereignisse an der rechtzeitigen Ausfuhr seines Fahrzeugs gehindert, kann über den spanischen Automobilclub eine Verlängerung beantragt werden.

Auto-Fähren

Barcelona – Palma (ca. 8 Stunden); Valencia – Palma (ca. 9 Stunden); Alicante – Palma (ca. 11 Stunden). Barcelona – Ibiza (ca. 10 Stunden); Valencia – Ibiza (ca. 7 Stunden); Alicante – Ibiza (ca. 7 Stunden). Barcelona – Mahón/Menorca (ca. 9 Stunden).

Zollbestimmungen

Folgende Zollbestimmungen sind bei der Rückkehr in die Bundesrepublik Deutschland zu beachten:
Abgabenfrei bleiben
1. an Tabakerzeugnissen (wenn Sie mindestens 17 Jahre alt sind): 200 Zigaretten oder 100 Zigarillos oder 50 Zigarren oder 250 g Rauchtabak;
2. an alkoholischen Getränken (wenn Sie mindestens 17 Jahre alt sind): 1

Liter Spirituosen mit mehr als 22 Prozent Alkohol oder 2 Liter Spirituosen mit bis zu 22 Prozent Alkohol oder 2 Liter Schaumwein und 2 Liter sonstiger Wein;
3. an Kaffee (wenn Sie mindestens 15 Jahre alt sind): 250 g oder 100 g Pulverkaffee, ferner
4. 100 g Tee oder 40 g Teepulver;
5. 50 g Parfum und 0,25 Liter Eau de Toilette;
6. Sonstige Artikel, z.B. Lederwaren, Spielzeug, Uhren, Foto und Elektrogeräte oder landesübliche Delikatessen, dürfen bis zu einem Wert von 100 DM für den privaten Gebrauch eingeführt werden.

Für Waren, die nicht abgabenfrei sind, werden Zoll und Verbrauchssteuern nach vereinfachtem Verfahren mit einem Abgabesatz von 5 Prozent belegt, sofern ihr Wert 240 DM nicht übersteigt und die Waren für den privaten Gebrauch, nicht für Handel oder Gewerbe bestimmt sind.

Besondere Abgabesätze gelten jedoch für Kaffee, Tee, Alkoholika, Tabakwaren und andere hochbesteuerte Mitbringsel.

Währung

Spanische Geldeinheit ist die Peseta, in der Mehrzahl abgekürzt Ptas. 1 Peseta (Pta) = 100 céntimos, abgekürzt cts. 1 Duro = 5 Pesetas. Banknoten gibt es im Wert von 5000, 1000, 500 und 100 Ptas. Der Wechselkurs der D-Mark (Ende 1983): 1,00 DM = ca. 55 Ptas. 100 Ptas = ca. 1,80 DM.

Wer mit Reise- oder Eurocheques tauscht, kann einen etwas günstigeren Wechselkurs erwarten. Schecks sind für den Urlaub sehr zu empfehlen – man sollte dem Bargelddiebstahl lieber vorbeugen.

Die Einfuhr von Devisen, beispielsweise D-Mark, ist in unbeschränkter Höhe erlaubt, die Einfuhr an Peseten bis zur Höchstgrenze von 50000. Ausgeführt werden dürfen nur bis zu 2000 Peseten.

Zeitungen – Nachrichten

In den Touristenzentren von Mallorca bekommt man deutsche Zeitungen vom gleichen Tage, normalerweise ab ca. 16 Uhr. Außerdem gibt es regelmäßig alle wichtigen Illustrierten und Magazine.

Wöchentlich erscheint das „Mallorca Magazin" in deutscher Sprache.

Außerdem können Sie zwei Rundfunkstationen empfangen, die täglich in deutscher Sprache senden: Radio Alemán – täglich von 10 bis 11 Uhr und von 17 bis 20 Uhr auf UKW, 103,2 MHz; Radio Balear International – täglich von 8 bis 10 Uhr auf UKW, 88,8 MHz. Auch der Deutschlandfunk bringt während der Urlaubssaison jeweils freitags um 16.05 Uhr auf der Langwelle, 209 KHz, das „Reiseradio", eine etwa einstündige Sendung mit Informationen für Touristen in Europa.

Kleiner Trinkgeld-Knigge

Die delikate Frage nach der *propina,* dem Trinkgeld, sollten Sie angemessen lösen, aber nicht verschwenderisch. Kellner erwarten üblicherweise etwa 5 bis 10 Prozent des Rechnungsbetrages. Im Hotel ist es vorteilhaft, nicht erst am Schluß, sondern etwa am Ende jeder Woche ein Trinkgeld zu geben, für den Kellner, das Zimmermädchen, Rezeptionisten und Portier. Sie können aber auch den belohnen, von dem Sie sich besonders freundlich betreut fühlen. Übrigens gehört auch der Busfahrer, mit dem Sie einen organisierten Ausflug unternehmen, zu denen, die eine *propina* erwarten. Taxifahrer erhalten, wenn Sie zufrieden waren, maximal 5 Prozent des Fahrpreises.

Anmerkung: Da und dort lassen Service und Freundlichkeit in letzter

Zeit einiges zu wünschen übrig. In solchen Fällen sollte man mit Hilfe des Trinkgeldes ebenfalls deutlich reagieren.

Öffnungszeiten

Geschäfte und Wechselstuben sind im allgemeinen von 9 bis 13 Uhr und von 17 bis 20 Uhr geöffnet. Samstag nachmittag und sonntags sind die meisten Geschäfte geschlossen.
Banken sind überall auf der Insel täglich außer sonntags von 9 bis 14 Uhr geöffnet. Eurocheques werden gegen Vorlage der Scheckkarte und eines Ausweises eingelöst. Unabhängig von den offiziellen Banköffnungszeiten können Sie Ihr Geld in Wechselstuben oder an den Hotelrezeptionen eintauschen. Der Wechselkurs ist in beiden Fällen ungünstiger als der offizielle Bankkurs.
Die Schalterstunden der Post sind recht unterschiedlich. Allgemein kann man mit Öffnungszeiten werktags von 9 bis 14 Uhr rechnen. Der Postsparbuch-Schalter ist meist nur bis 13 Uhr geöffnet.

Post

Üblicherweise braucht ein Brief von der Insel nach Deutschland vier bis sechs Tage. Briefmarken bekommen Sie an allen Hotelrezeptionen und außerdem in den staatlichen Tabakwarengeschäften (*tabacalera* oder *estanco*) sowie bei der Post.
Öffentliche Fernsprechzellen mit Direktwahlmöglichkeiten nach Deutschland gibt es an allen Orten der Insel. Die Vorwahl nach Deutschland ist 07, nach Pfeifton 49 wählen, dann deutsche Vorwahl ohne 0 und Teilnehmernummer.

Gottesdienste

Katholische Gottesdienste gibt es in allen Kirchen auf Mallorca in Landessprache. Deutschsprachige evangelische und katholische Gottesdienste finden mindestens einmal wöchentlich in fast allen Ferienorten statt.

Versorgung bei Krankheit

Das spanische Wort für Apotheke ist *farmacia*. Man findet sie in den Städten und Touristenzentren in ausreichender Zahl. Es empfiehlt sich jedoch, ein vom Hausarzt verschriebenes wichtiges Medikament in ausreichender Dosis mitzubringen.
Da zwischen den Sozialversicherungen der Bundesrepublik und Spanien Abkommen auf Gegenseitigkeit bestehen, ist auch im Urlaub Behandlung auf Krankenschein möglich. Besorgen Sie sich vorher bei Ihrer Krankenkasse den Anspruchsausweis „E 111“. Internationale Krankenscheine werden nur im Kreiskrankenhaus Son Dureta in Palma, Andrea Doria 55, Tel. 289100, akzeptiert. Privatversicherte sollten ihren Vertrag daraufhin überprüfen, ob und für wie lange der normale Krankenschutz auch im europäischen Ausland gilt. Ihnen stehen folgende Kliniken in Palma zur Verfügung: Klinik Femenia, Bosque 20, Tel. 231045; Klinik Juaneda, Son Espanvolet 55, Tel. 231647 und die Poliklinik Miramar, Avda. Son Serra, Tel. 234745.

Stromspannung

Die Stromspannung beträgt auf der Insel entweder 125 oder 220 Volt. Beachten Sie die Hinweise in Ihrem Badezimmer.
Für die Steckdosen braucht man einen Zwischenstecker, *(adaptador)*, den man überall kaufen kann.

Trinkwasser

Zum Zähneputzen oder Einnehmen von Tabletten kann Leitungswasser unbesorgt benutzt werden. Im übrigen ist es als Trinkwasser in größeren

Mengen (vor allem für Kinder) ungeeignet.

Verkehrsmittel und Mietwagen

Eisenbahnverbindungen bestehen auf den Strecken Palma – Inca, Palma – Sóller und Palma – La Puebla.
Linienbusverbindungen: zwischen Palma und Cala d'Or, Cala Ratjada, Playa de Palma/El Arenal, Esporlas, Banyalbufar, Estellenchs, Felanitx, Galilea, Porto Cristo, Puerto de Alcudia, Andraitx, Puerto de Pollensa, Santanyi/Cala Figuera, Playa de Poniente (über Portals Nous, Palma Nova, Magaluf, Santa Ponsa, Paguera, Camp de Mar und Puerto de Andraitx), sowie Valldemosa, Deiá und Puerto de Sóller.
Leihwagen kann man über lokale und internationale Auto-Vermietungen, an kleineren Orten auch über Hotelrezeptionen und Veranstalter buchen. Erforderlich ist ein gültiger nationaler Führerschein und ein Mindestalter von 21 Jahren.
Bei Taxifahrten innerhalb von Palma können Sie den Preis am Taxameter ablesen. Für die wichtigsten Überlandstrecken gibt es eine Tarifliste *(las tarifas)*, die jeder Taxifahrer mitführen und auf Verlangen vorzeigen muß.

Die wichtigsten Verkehrsregeln

Die Höchstgeschwindigkeit beträgt in Ortschaften 60 km/h., auf Landstraßen für Pkw 100 km/h., auf Autobahnen 120 km/h. Vor Kurven muß gehupt werden. Zwischen 23 und 6 Uhr sind in Städten anstelle akustischer Warnsignale Lichtzeichen zu geben.
Mieten Sie einen Wagen mit Sicherheitsgurten. Das Anlegen der Gurte ist außerhalb von Ortschaften obligatorisch.

Das Straßennetz auf Mallorca ist überwiegend in gutem Zustand. Ein guter Rat zum Schluß: Fahren Sie defensiv!

Straßen- und Ortsnamen

Immer häufiger findet man Straßen- und Ortsnamen (auf Landkarten wie auch auf Ortsschildern) in mallorquinischer Schreibeweise. Es ergeben sich daher oft Abweichungen zu der bisher gewohnten spanischen Bezeichnung.

Verkehrswege zwischen den Inseln

Schiffsverbindungen zwischen Palma de Mallorca und Ibiza (ca. 4,5 Stunden), Palma und Ciudadela/Menorca (ca. 9 Stunden), Palma – Cabrera (ca. 3 Stunden), Alcudia – Ciudadela (ca. 3,5 Stunden) sowie Ibiza – Formentera (ca. 40 Minuten).
Flugverbindungen von Palma nach Ibiza und Menorca (jeweils ca. 30 Minuten).

Konsulate

Bundesrepublik Deutschland: Palma, Paseo del Borne 15 (6. Stock), Tel. 22 29 97 und 22 23 71.
Österreich: Palma, Paseo del Mallorca 14a, Tel. 21 01 45.
Schweiz: Palma, Paseo de Mallorca 24, Tel. 21 25 20.

Adressen und Informationen

Guardia Civil: Palma, Antonio Marqués 26, Tel. 21 15 72.
Verkehrspolizei: Palma, Plaza General García Ruiz, Tel. 22 54 40.
Notruf (Erste Hilfe), Tel. 22 21 79.
Kliniken und Krankenhäuser:
Son Dureta, Social Security Hospital, Palma, Tel. 28 91 00;
Cruz Roja (Rotes Kreuz), Palma, Pons y Gallarza 150, Tel. 25 14 45.

Touristische Informationen in der Bundesrepublik Deutschland

Spanisches Fremdenverkehrsamt

Bethmannstr. 50–54, 6000 Frankfurt, Tel. 06 11/28 57 60.

Ferdinandstr. 64–68, 2000 Hamburg 1, Tel. 0 40/33 07 87.

Oberanger 6, 8000 München 2, Tel. 0 89/26 75 84.

Informationsbüro Mallorca
Kaiserhofstr. 6, 6000 Frankfurt, Tel. 06 11/28 06 36.

Karten für die Rundfahrt

Generalkarte „Mallorca" (Ibiza, Menorca, Formentera), Maßstab 1 : 175 000, Mairs Geographischer Verlag Stuttgart, und Firestone „Hispania Mapa Turístico Baleares", Maßstab 1 : 125 000, auf den Inseln erhältlich.

Die folgenden Seiten sollen in erster Linie den Lesern helfen, denen die spanische Sprache gänzlich fremd ist. Wer sich mehr Redewendungen und einen größeren Wortschatz aneignen möchte, dem sei der Polyglott-Sprachführer „Spanisch" empfohlen, aus dem diese Seiten entnommen sind. Wer es noch genauer wissen möchte, der kaufe sich den Langenscheid-Sprachführer und das Langenscheidt-Universal-Wörterbuch.

Kleiner Sprachhelfer

Aussprache

Betont werden die Worte auf der *vorletzten* Silbe, wenn sie auf Vokale, auf n oder s enden (Granada, Carmen, Carlos), auf der *letzten,* wenn sie auf andere Konsonanten enden (Aranjuez); Ausnahmen werden durch den Akzent bezeichnet (Málaga).
[ß] wie th in englisch thing

Allgemeines

Ja / Nein	Sí / No	si' / no'
Danke	Gracias	gra'ßjas
Guten Morgen *(Tag).*	Buenos días.	buä'nŏs di'as
Guten Abend.	Buenas tardes.	buä'nas ta'rdäs
Gute Nacht.	Buenas noches.	buä'nas nŏ'tschäs
Auf Wiedersehen.	Hasta la vista.	a'sta la wi'sta
Wann *ist* ... geöffnet?	¿A qué hora *está* abierto ...?	a kä ŏ'ra ästa' awjä'rtŏ
Wann wird ... geschlossen?	¿A qué hora *se cierra* ...?	a kä ŏ'ra sä ßjä'rra
Wie komme ich nach ...?	¿De qué modo llegaré a ...?	dä kä mŏ'dŏ ljägarä' a
Wie weit ist es nach ...?	¿Qué distancia hay de aquí a ...?	kä dista'nßja ai dä aki' a ...
Wo bekomme ich ...?	¿Dónde puedo encontrar ...?	dŏ'ndä puä'dŏ änkŏntra'r
Gibt es hier ...?	¿Hay por aquí ...?	ai pŏr aki'
Ich möchte ...	Quisiera ..., Desearía ...	kisjä'ra ..., däsäari'a ...
Wieviel kostet das?	¿Qué precio tiene?	kä prä'ßjŏ tjä'nä
Können Sie wechseln?	¿Puede usted cambiarme este billete?	puä'dä ustä' kambja'rmä ä'stä wiljä'tä
Das gefällt mir *(nicht).*	Esto *(no)* me gusta.	ästŏ nŏ me gu'sta
Das ist zu teuer.	Es muy caro.	äs mui ka'rŏ
Wie heißt das auf deutsch?	¿Cómo se dice esto en alemán?	kŏ'mŏ sä di'ßä ä'stŏ än aläma'n
Wieviel Uhr ist es?	¿Qué hora es?	kä ŏ'ra äs
Ich verstehe Sie nicht.	No le comprendo.	nŏ lä kŏmprä'ndŏ
Entschuldigen Sie!	¡Perdone usted!	pärdŏ'nä ustä'
Sonntag / Montag	domingo / lunes	dŏmi'ngŏ / lu'näs
Dienstag / Mittwoch	martes / miércoles	ma'rtäs / mjä'rkŏläs
Donnerstag / Freitag	jueves / viernes	chuä'wäs / bjä'rnes
Sonnabend / Feiertag	sábado / día *m* festivo	sa'wadŏ / di'a fästi'wŏ
Januar / Februar	enero / febrero	änä'rŏ / fäwrä'rŏ
März / April	marzo / abril	ma'rßŏ / awri'l
Mai / Juni	mayo / junio	ma'jŏ /chu'njŏ
Juli / August	julio / agosto	chu'ljŏ / agŏ'stŏ
September / Oktober	se(p)tiembre / octubre	sätjä'mbrä / ŏktu'wrä
November / Dezember	noviembre / diciembre	nŏwjä'mbrä / dißjä'mbrä

heute / gestern	hoy / ayer	ŏi / ajä'r
*(über)*morgen	*(pasado)* mañana	(pasa'dŏ) manja'na
am Vormittag *(Nachmittag)*	por (*od.* en) la mañana *(la tarde)*	pŏr (än) la manja'na (la ta'rdä)
um 1 Uhr / um 2 Uhr	a la una / a las dos	a lu u'na / a las dŏs
um Viertel vor *(nach)* 11	a las once menos *(y)* cuarto	a las ŏ'nßä mä'nŏs (i) kua'rtŏ
um 13 Uhr 30	a las trece y treinta	a las trä'ßä i trä'inta

1	un(o)	un	12	doce	dŏ'ßä	40	cuarenta	kuarä'nta
2	dos	dŏs	13	trece	trä'ßä	50	cincuenta	ßinkuä'nta
3	tres	träs	14	catorce	katŏ'rßä	60	sesenta	säsä'nta
4	cuatro	kua'trŏ	15	quince	ki'nßä	70	setenta	sätä'nta
5	cinco	ßi'nkŏ	16	dieciséis	djäßisä'is	80	ochenta	ŏtschä'nta
6	seis	sä'is	17	diecisiete	djäßisjä'tä	90	noventa	nŏwä'nta
7	siete	sjä'tä	18	dieciocho	djäßiŏ'tschŏ	100	ciento	ßjä'ntŏ
8	ocho	ŏ'tschŏ	19	diecinueve	djäßinuä'wä	1000	mil	mil
9	nueve	nuä'wä	20	veinte	bä'intä	100 000	cien mil	ßjän mil
10	diez	djäß	21	veintiún	bä'inti'un			
11	once	ŏ'nßä	30	treinta	trä'inta			

Minuten / Stunden	minutos / horas	ŏ'ras
Tage / Wochen	días / semanas	di'as
Monate / Jahre	meses / años	a'njŏs

Im Hotel

Wie lange gibt es Frühstück?	¿Hasta qué hora se sirve el desayuno?	a'sta kä ŏ'ra sä si'rwä äl däsaju'nŏ
Wann ist es fertig?	¿Cuándo estará terminado (-a)?	kua'ndo ästara' termina'do (tärmina'da)
Wie ist hier die Stromspannung?	¿Qué voltaje tiene aquí la corriente?	kä wŏlta'chä tjä'nä aki' la kŏrrjä'ntä
Ich reise heute abend *(morgen früh)* ab.	Saldré esta noche *(mañana por la mañana).*	saldrä' ä'sta nŏ'tschä (manja'na pŏr la manja'na)
Ich möchte um … geweckt werden.	Quiero que me despierten (*od.* llamen) a las …	kjä'rŏ kä mä däspjä'rtän (*od.* lja'män) a las
das Bad	el baño	äl wa'njŏ
die Bedienung	el servicio	äl särwi'ßjŏ
ein Fahrstuhl	un ascensor	un a(s)ßänsŏ'r
das Gepäck	el equipaje(s)	äl äkipa'chä(s)
der Gepäckträger	el cargador	äl cargadŏ'r
das Handtuch	la toalla	la tŏa'lja
der Hausdiener	el mozo (del hotel)	äl mŏ'ßŏ (däl ŏtä'l)
die Heizung	la calefacción	la kaläfakßjŏ'n
ein Kopfkissen	una almohada	u'na almŏa'da
Parkplatz	lugar para estacionamiento	luga'r pa'ra ästaßjŏnamjä'ntŏ
der Portier	el portero	äl portä'rŏ
die Rechnung	la cuenta	la kuä'nta

der Schlüssel	la llave	la lja'wä
der Speisesaal	el comedor	äl kŏmädŏ'r
das Stockwerk	el piso	äl pi'sŏ
die Toilette	el lavabo	äl lawabŏ
das Trinkgeld	la propina	la prŏpi'na
das Waschbecken	la jofaina, la pila	la chŏfai'na, la pi'la
das Zimmer	la habitación, el cuarto	la awitaßjŏ'n, äl kua'rto
das Zimmermädchen	la camarera	la kamarä'ra

Im Restaurant, im Café

Ich brauche einen Tisch für ... Personen	Necesito una mesa para ... personas.	näßäsi'tŏ u'na mä'sa pa'ra ... pärsŏ'nas
Herr Ober *(Fräulein),* die Speisekarte, bitte!	Oiga, camarero *(señorita),* la carta por favor.	oi'ga, kamarä'rŏ (sänjŏri'ta), la ka'rta pŏr fawŏ'r
Ich möchte das Gedeck zu ... Peseten.	Quisiera el cubierto de ... pesetas.	kisjä'ra äl kuwjä'rtŏ dä ... päsä'tas
Ich mag nur eine Kleinigkeit essen.	No quiero comer más que un poquito.	nŏ kjä'rŏ kŏmä'r mas kä un pŏki'tŏ
Ich muß Diät essen.	Debo guardar dieta.	dä'bŏ guarda'r diä'ta
Ich möchte etwas, was sehr schnell geht.	Quisiera tomar algo que se pueda servir inmediatamente.	kisjä'ra tŏma'r a'lgŏ kä sä puä'da sä'rwir inmädjatamä'ntä
Bringen Sie mir bitte ...!	Haga el favor de traerme ...	a'ga äl fawo'r dä traä'rmä
Wird es lange dauern?	¿Tardará mucho?	tardara' mu'tschŏ
Welchen Wein können Sie mir hierzu empfehlen?	¿Qué clase de vino me recomienda usted para este plato?	kä kla'sä dä wi'nŏ mä räkŏmjä'nda ustä' pa'ra ä'stä pla'tŏ
Haben Sie offenen Wein?	¿Tiene vino abierto?	tiä'nä vinŏ abiä'rtŏ
Gut *(Schwach)* gebraten.	Bien *(poco)* asado(-a).	bjä'n (pŏ'kŏ) asa'dŏ (-a)
Mittel gebraten.	A medio asar.	a mä'djŏ asa'r
Das habe ich nicht bestellt.	No he pedido eso.	nŏ ä pädi'dŏ äsŏ
Die Rechnung bitte!	La cuenta, por favor.	la kuä'nta, pŏr fawŏ'r
Ist die Bedienung inbegriffen?	¿Va incluido el servicio?	ba inklui'dŏ äl särwi'ßjŏ
das Abendessen	la comida, la cena	la kŏmi'da, la ßä'na
alkoholische Getränke	bebidas *f/pl.* alcohólicas	bäwi'das alkŏŏ'likas
alkoholfreie Getränke	bebidas *f/pl.* sin alcohol	bäwi'das sin alkŏŏ'l
der Aschenbecher	el cenicero	äl ßänißa'rŏ
das Besteck	el cubierto	äl kuwjä'rtŏ
der Braten	asado	asa'dŏ
Brot	pan *m*	pa'n
ein Brötchen	un panecillo	un panäßi'ljŏ
Butter	mantequilla *f*	mantäki'lja
das Café	el café	äl kafä
Eier	huevos	uä'wŏs
Essig	vinagre *m*	bina'grä
eine Gabel	un tenedor	un tänädŏ'r

Fische	pescado	päska'dŏ
eine Flasche (...)	una botella *(de)*	u'na wŏtä'lja (dä)
Fleisch	carne *f*	ka'rnä
das Frühstück	el desayuno	äl däsaju'nŏ
das Gasthaus	la fonda	la fŏnda
Gebäck	pastas *f/pl.*	pa'stas
das Gedeck	el cubierto	äl kuwjä'rtŏ
Geflügel	aves *f/pl.*	a'wäs
Gelee	jalea *f*	chalä'a
Gemüse	legumbres *f/pl.*; verduras *f/pl.*	lägu'mbräs; bärdu'ras
die Getränkekarte	la lista de bebidas	la li'sta dä bäbi'das
ein Glas	un vaso; *(Weinglas)* una copa	un ba'sŏ; u'na kŏ'pa
das Hauptgericht	el plato principal	äl pla'tŏ prinßipa'l
Honig	miel *f*	mjäl
Kaffee	café *m*	kafä'
eine Karaffe	una jarra	u'na charra
der Kellner	el camarero	äl kamarä'rŏ
Kartoffeln	patatas *f/pl.*	pata'tas
die Konditorei	la pastelería	la pastäläri'a
Kuchen	pasteles *m/pl.*	pastä'läs
ein Löffel	una cuchara	u'na kutscha'ra
Marmelade	mermelada *f*	mä'rmäla'da
ein Messer	un cuchillo	un kutschi'ljŏ
das Mittagessen	el almuerzo	äl almuä'rßŏ
der Nachtisch	los postres	lŏs pŏsträ's
Obst	frutas *f/pl.*	fruta's
Öl	aceite *m*	aßä'itä
Pfeffer	pimienta *f*	pimjä'nta
eine Portion	una porción	u'na porßjŏ'n
ein Restaurant	un restaurante	un rästŏra'ntä
Sahne *(Schlag-)*	nata *f*, crema *f* (batida)	na'ta, krä'ma (wati'da)
Salate	ensaladas *f/pl.*	änsala'das
Salz	sal *f*	sa'l
Sauce	salsa	sa'lsa'
sauer	agrio	a'griŏ
Schalentiere	crustáceos *m/pl.*	krusta'ßäŏs
Schinken	jamón *m*	chamŏ'n
Schwarzbrot	pan negro	pa'n nägrŏ
Senf	mostaza *f*	mŏsta'ßa
eine Serviette	una servilleta	u'na särwiljä'ta
die Speisekarte	la carta	la ca'rta'
Suppen	sopas *f/pl.*, potajes *m/pl.*	sŏ'pas, pŏta'chäs
das Tagesgericht	el menú del día	äl mänu' däl di'a
eine Tasse *(...)*	una taza *(de)*	u'na ta'ßa (dä)
Tee	té *m.*	tä
ein Teller	un plato	un pla'tŏ
ein Toast	una tostada	u'na tŏsta'da
vegetarisch	vegetariano	wächätarja'nŏ
ein Viertel	un cuarto	kua'rtŏ
die Vorspeise	el entremés	äl änträmä's

die Weinkarte	la lista de vinos	la li'sta dä wi'nŏs
Weißbrot	pan *m* blanco	pa'n bla'ncŏ
Zucker	azúcar *m*	aßu'kar

Zoll, Bank, Polizei, Post

An der Grenze	*En la frontera*	än la frŏntä'ra
Ich habe nichts zu verzollen.	No tengo nada que declarar.	nŏ tä'ngŏ na'da kä däklara'r
Nur persönliche Dinge.	Sólo objetos de uso personal.	sŏ'lŏ ŏwchä'tŏs dä u'sŏ pärsŏna'l
Das ist zollpflichtig.	Por esto hay que pagar derechos.	pŏr ä'stŏ ai kä paga'r därä'tschŏs
Haben Sie Gepäck im Gepäckwagen?	¿Tiene usted equipaje(s) en el furgón?	tjä'nä ustä'äkipa'chä(s) än äl furgŏ'n
Geldverkehr	*Banca f*	ba'nka'
Wo kann ich Geld wechseln?	¿Donde puedo cambiar dinero?	dŏ'ndä puä'dŏ ka'mbjar dinä'rŏ
Wechseln Sie mir bitte diese Banknote in …!	Haga el favor de cambiarme este billete en …	a'ga äl fawŏ'r dä kambja'rmä ä'stä wiljä'tä än …
Wie hoch steht der Kurs für …?	¿A cuánto está el cambio para …?	a kua'ntŏ ästa äl ka'mbjŏ pa'ra
Ich möchte Geld nach … überweisen.	Desearía girar dinero a …	däsäari'a chira'r dinä'rŏ a
Auf der Polizei	*En la Comisaría*	än la kŏmisari'á
Ich möchte eine Anzeige erstatten.	Quiero hacer una denuncia	kjä'rŏ aßä'r una denu'nßja
Man hat mir … gestohlen.	Me han robado …	mä an rŏwa'dŏ
Verständigen Sie bitte das deutsche Konsulat!	Informe usted al Consulado alemán, por favor.	infŏ'rmä ustä' al konsula'dŏ aläma'n, pŏr fawŏ'r
Können Sie sich ausweisen?	¿Tiene usted un documento de identidad?	tjä'nä ustä' un dŏkumä'ntŏ dä idäntida
Post, Telegraf und Telefon	*Correo m, telégrafo m y teléfono m*	kŏrrä'ŏ, tälä'grafŏ i tälä'fŏnŏ
Ich brauche hierfür Briefmarken.	Necesito sellos para estas cartas.	näßäsi'tŏ sä'ljŏs pa'ra ä'stas ka'rtas
Ich möchte ein Telegramm aufgeben.	Quisiera poner un telegrama.	kisjä'ra pŏnä'r un tälägra'ma
Ich möchte ein Gespräch nach … anmelden.	Quisiera poner una conferencia a …	kisjä'ra pŏnä'r u'na kŏnfärä'nßja a
Der Teilnehmer antwortet nicht.	El abonado no responde.	äl awona'do no räspo'ndä
Wo gibt es Münzen für den Fernsprecher?	¿Donde se encuentran las fichas (para el teléfono)?	dŏ'ndä sä änkuä'ntran las fi'tschas
die Adresse	las señas, la dirección	las sä'njas, la diräkßjŏ'n

der Ausweis	el documento de identidad	äl dŏkumä'ntŏ dä idäntida'
der Brief	la carta	la ka'rta
Briefmarken	sellos *m/pl.* (de correo)	sä'ljŏs (dä kŏrrä'ŏ)
ein Brieftelegramm	una carta telegrama	u'na ka'rta tä'lägra'ma
die Devisen	las divisas	la's di'wisas
mit Eilboten	urgente	urchä'ntä
Eingeschriebener Brief	carta certificada	ka'rta ßärtifika'da
ein Fernschreiben	un telex	un tä'lä'ks
ein Formular	un formulario	un fŏrmula'rjŏ
mit Luftpost	por avión	pŏr awjŏ'n
ein Orts*(Fern-)*gespräch	una conferencia *(inter-)* urbana	u'na kŏnfärä'nßja (intär)urwa'na
ein Paket	un paquete (postal)	un pakä'tä (pŏsta'l)
die Paßkontrolle	la revisión de pasaportes	la räwisjŏ'n dä pasapŏ'rtäs
die Polizeiwache	comisaría *f*; policía *f*	polißi'a
das Porto	el franqueo, el porte	äl frankä'ŏ äl pŏ'rtä
das Postamt	el correo	äl kŏrrä'ŏ
die Postkarte	la (tarjeta) postal	la (tarchä'ta) pŏsta'l
der Reisepaß	el pasaporte	äl pa'sapŏ'rtä
ein Reisescheck	un cheque de viaje	un tschä'kä dä wja'chä
ein Telefonbuch	una guía de teléfono	u'na gi'a dä tälä'fŏnŏ
die Telefonnummer	el número (del teléfono)	äl nu'märŏ (däl tälä'fŏ'nŏ)
eine Telefonzelle	un teléfono público	un tälä'fŏ'nŏ pu'bli'cŏ
ein Telegramm	un telegrama	un tälägra'ma
eine Überweisung	un giro	un chi'rŏ
die Unterschrift	la firma	la firma
der Wechselkurs	el (tipo de) cambio	äl (ti'pŏ dä) ka'mbjŏ
die Zollabfertigung	el registro de aduana(s) *od.* de equipajes	äl rächi'strŏ dä adua'na(s) *od.* dä äkipa'chäs

Krankheit, Unfall, Medizin

Können Sie mir einen guten Arzt empfehlen?	¿Puede usted recomendarme un buen médico?	puädä ustä' räkŏmända'rmä un buä'n mä'dikŏ
Wann hat er Sprechstunde?	¿A qué hora tiene su consulta?	a kä ŏ'ra tjä'nä su kŏnsu'lta
Wo ist die nächste Apotheke?	¿Dónde está la farmacia más próxima?	dŏ'nda ästa'la farma'ßja ma's prŏ'ksima
Ich habe hier Schmerzen.	Siento dolores aquí.	sjäntŏ dŏlŏ'räs aki'
Ich leide an ...	Padezco de ...	padä'ßkŏ dä
Ich brauche ein Mittel gegen ...	Necesito un medicamento contra ...	näßäsi'tŏ un mädikamä'ntŏ kŏ'ntra
Wann soll ich wiederkommen?	¿Cuándo tengo que volver?	kua'ndo tä'ngo kä wolwä'r
Krankheiten	*Enfermedades f/pl.*	änfärmäda'däs
Blinddarmentzündung	apendicitis *f*	apändißi'tis
Blutung	hemorragia *f*	ämŏrra'chja
Durchfall	diarrea *f*	diarrä'a

das Fieber	la calentura, la fiebre	la kaläntuˈra, la fjäˈwrä
eine Grippe	una gripe	uˈna griˈpä
Halsschmerzen	dolores *m/pl.* de garganta	dŏlŏˈräs dä gargaˈnta
Insektenstiche	picados de insectos	pikaˈdŏs dä insäˈktŏs
ein Knochenbruch	una fractura	uˈna fraktuˈra
Kopfschmerzen	dolor *m* de cabeza	dŏlŏˈr dä kawäˈßa
Lungenentzündung	pulmonía *f*	pulmŏniˈa
Magenschmerzen …	dolores *m/pl.* de(l) estómago …	dŏlŏˈräs dä(l) ästoˈmago
Ohnmacht	desmayo *m*	däsmaˈjŏ
Prellung	contusión	kŏntusjŏˈn
Schlaganfall	ataque	ataˈkä
Sodbrennen	acidez	aßidäˈß
Sonnenstich	insolación *f*	insŏlaßjŏˈn
Vergiftung	envenenamiento	änvänänamjäˈntŏ
Verletzung *(Wunde)*	herida *f*	äriˈda
Verrenkung	dislocación *f*, luxación *f*	dislŏkaßjŏˈn, luksaßjŏˈn
Verstopfung	estreñimiento *m*	ästränjimjäˈntŏ
Zahnschmerzen	dolor de muelas	dŏlŏˈr dä muäˈlas
ein Abführmittel	un purgante	un purgaˈntä
die Arznei	la medicina	la mädißiˈna
eine Binde	una venda	uˈna wäˈnda
das Krankenhaus	el hospital	äl ŏspitaˈl
der Krankenwagen	la ambulancia	la ambulaˈnßja
die Operation	la operación	la ŏpäraßjŏˈn
die Röntgenaufnahme	la radiografía	la radjografiˈa
die Salbe	la pomada	la pŏmaˈda
ein Schlafmittel	un dormitivo	un dŏrmitiˈwŏ
die Tabletten	las pastillas	las pastiˈljas
ein Verband	un vendaje	un bändaˈchä

Sport, Unterhaltung, Veranstaltungen

Wo bekommt man Karten für …?	¿Dónde se consiguen entradas para …?	dŏˈndä sä kŏnsiˈgän äntraˈdas paˈra
Wann beginnt die Vorstellung?	¿A qué hora comienza la función?	a kä ŏˈra kŏmjäˈnßa la funßjŏˈn
Wie lange dauert die Veranstaltung?	¿Cuánto tiempo va a durar la velada?	kuaˈntŏ tjäˈmpŏ wa a duraˈr la wälaˈda
Geben Sie mir bittc zwei Karten für …?	Dos entradas para …, por favor.	dŏs äntraˈdas paˈra …, pŏr fawŏˈr
Ich möchte drei Karten vorbestellen.	¿Puede usted reservarme tres localidades?	puäˈdä ustäˈ räsärwaˈrmä träs lŏkalidaˈdäs
Sind die Plätze numeriert?	¿Están numerados los asientos?	ästaˈn numäraˈdŏs lŏs asjäˈntŏs
das Parkett …	la platea, las butacas …	la platäˈa, las wutaˈkas
die Loge …	el palco …	äl paˈlko
Welches sind die Plätze?	¿Qué localidades son las mejores?	kä lŏkalidaˈdäs sŏn las mächŏˈräs
Ich möchte die Karten umtauschen (zurückgeben).	Quiero cambiar (devolver) las entradas.	kjäˈro kambjaˈr (däwŏlwäˈr) las äntraˈdas

Kann man	¿Se puede alquilar	sä quä'dä alkila'r
–einen Badeanzug	–un traje de baño?	–un tra'chä dä wa'njŏ
–eine Badehose leihen?	–un bañador?	–un banjadŏ'r
Bewahren Sie Wertsachen auf?	¿Puedo depositar aquí objetos de valor?	puä'dŏ däpŏsita'r aki' ŏbchä'tŏs dä walŏ'r
Wie tief *(warm)* ist das Wasser?	¿Qué profundidad *(temperatura)* tiene el agua?	kä prŏfundida' (tämpäratu'ra) tjä'nä äl a'gua
Wie weit darf man hinausschwimmen?	¿A que distancia se puede nadar de la orilla?	a kä dista'nßja sä puädä nada'r dä la ŏri'lja
der Badestrand	la playa	la pla'ja
die Freilichtbühne	el teatro al aire libre	äl täa'trŏ al a'irä librä
der Fußballplatz	el campo de fútbol	äl ka'mpŏ dä fu'tbŏl
das Fußballspiel	el juego de fútbol	äl chuä'gŏ dä fu'tbŏl
der Golfplatz	la cancha de golf	la ka'ntscha dä gŏlf
der Kartenverkauf	la taquilla	la taki'lja
die Kasse *(Kino usw.)*	la taquilla, el despacho	la taki'lja, äl däspa'tschŏ
das Kino	el cine	äl ßi'nä
das Konzert	el concierto	äl kŏnßjä'rtŏ
ein Liegestuhl	una silla extensible	u'na li'lja ekstänsi'blä
ein Nachtlokal	un local-nocturno	un lŏka'l-nŏktu'rnŏ
ein Paddelboot	una canoa, una piragua	u'na kanŏ'a, u'na pira'gua
ein Pferderennen	carreras *f/pl.* de caballos	karrä'ras dä kawa'ljŏs
die Platzanweiserin	la acomodadora	la akŏmŏdadŏ'ra
das Programm	un programa	un progra'ma
der Rang *(Stierkampf)*	1. el tendido, 2. la grada, 3. la andanada	äl tändi'dŏ, la gra'da, la andana'da
ein Rettungsring	un salvavidas	un sa'lwawidas
ein Ruderboot	un bote (de remos)	un bŏ'tä dä rämŏs
der Sandstrand	la playa de arena	la pla'ja dä arä'na
ein Segelboot	un balandro	un bala'ndrŏ
der Sonnenschirm	el parasol	äl pa'rasŏl
das Spielkasino	el casino de juego	äl kasi'nŏ dä chuä'gŏ
das Stadion	el estadio	äl ästa'djŏ
ein Stierkampf	una corrida (de toros)	u'na kŏrri'da (dä tŏ'rŏs)
eine Tanzbar	una sala de baile	u'na sa'la dä wai'lä
ein Tennisplatz	una pista de tenis	u'na pi'sta dä tä'nis
der Vorverkauf	la venta por anticipado	la wä'nta pŏr antißipa'dŏ
der Zirkus	el circo	äl ßi'rkŏ

Register

Register

Bildnachweis: Robert P. Hertwig, Herrsching S. 24, 28 o. und u., 36, 38, 40 l. und r., 41, 45, 47, 49, 50 l., 54, 55 u., 56, 57 u., 58, 64, 66 r., 70 l., 71 o., 76 l. und r., 77 o.; Touropa-Reisen, München S. 4, 5, 11, 12, 16 o.r. und u., 19, 22 o. und u., 23, 25, 27 o., 29, 30 l. und r., 31, 32, 34, 43, 44, 51, 52 r., 53, 57 o., 59 r., 62, 63, 68 l. und r., 70 r., 71 u., 74, 75, 79; Spanisches Fremdenverkehrsamt, München S. 17, 52 l., 55 o., 67, 69, 73 o., 80; Bavaria-Verlag Bildagentur, Gauting b. München S. 42; Prenzel, Gröbenzell-München S. 16 o. l., 77 u.; Sepp Jäger, Frankfurt/M. S. 60; Fotograf Drees S. 59 l.; Archiv Robert Pfützner GmbH S. 3, 10 l. und r., 13, 15, 26, 27 u., 37, 39, 50 r., 61, 65, 66 l., 73 u., 78, 85.

Karten: Huber & Oberländer · *Illustrationen:* Klaus Reichelt

Druck: R. Oldenbourg, Graphische Betriebe GmbH, München